Matthias Strolz

Warum wir Politikern nicht trauen

… und was sie tun müss(t)en, damit sich das ändert

Matthias Strolz

Warum wir Politikern nicht trauen

… und was sie tun müss(t)en, damit sich das ändert

K&S

www.kremayr-scheriau.at

ISBN 978-3-218-00821-1

Schutzumschlaggestaltung: Kurt Hamtil, Wien
unter Verwendung eines Fotos von fotolia.de/DeVIce
Typografische Gestaltung: Ekke Wolf, typic.at
Druck und Bindung: Druckerei Theiss GmbH, St. Stefan i. Lavanttal

Den Menschen
guten Willens

Inhaltsverzeichnis

Teil 2

Vorwort

Ich liebe Politik! Schon in frühen Jugendjahren sammelte ich eifrig Zeitungsartikel über die Geschehnisse in meinem Heimattal. Seit zehn Jahren stille ich meine Leidenschaft für das Politische als Berater und Organisationsentwickler.

Manchmal leide ich an dieser Liebschaft. Wenn die Gespräche auf *die Politik* kommen, schlägt mir meist Ärger, Frust, Zynismus oder Resignation entgegen. Die Politik ist irgendwie unten durch bei den Menschen. Sie hat ihre Glaubwürdigkeit verspielt. Verhöhnung macht sich breit. Dieser Verfall des Vertrauens lässt mir keine Ruhe. Weder akzeptiere ich Gleichgültigkeit gegenüber diesem Phänomen noch die herrschende Ratlosigkeit. Als homo politicus und überzeugter Demokrat zieht es mich zum Handeln: Mit diesem Buch will ich konstruktive Wege aus der Abwärtsspirale aufzeigen. Es analysiert die Dynamiken, welche die Glaubwürdigkeit zersetzen, und beschreibt die Quellen, welche Vertrauen nähren. Mein Blick gilt dabei gleichermaßen den Politikern als Individuen wie politischen Organisationen als soziale Systeme. Letztere bilden den Handlungsrahmen, in dem politische Glaubwürdigkeit gestärkt oder aber unterminiert wird.

Mit diesem Buch möchte ich eine »Landkarte« anbieten, welche die Politik auf dem Weg in höhere Glaubwürdigkeit begleiten soll. Der Beruf *Politiker/in* stellt in unserer komplexen Welt hohe Ansprüche an die persönliche Reife, ist jedoch zu oft Ersatztherapie für Narzissten oder opportunistische Profit-Maximierung für fragwürdige Charaktere. Glaubwürdige Politik ist – davon bin ich überzeugt – mehr eine Frage der

Berufung als eine individuelle Karriereüberlegung. Mein Idealbild: Politiker als Persönlichkeiten, die mit einer tief wurzelnden Mission, mit ehrlichem Engagement und mit tatkräftiger Zuversicht *verbunden* sind mit sämtlichen Sphären unseres menschlichen Daseins.

Politiker sind in meinem Verständnis Geburtshelfer des Neuen und Ingenieure der gesellschaftlichen Entwicklung. Sie müssen damit auch Experten für soziale Systeme sein. Das Buch soll daher auch Orientierung in den komplexen Welten politischer Organisationen geben. Es ist ein Appell für hohes systemisches Verständnis und starke Prozess-Kompetenz – aus meiner Sicht zwei unverzichtbare Säulen für nachhaltige Politikgestaltung.

Mit dem abschließenden Plädoyer für mehr Leadership bringe ich die individuelle und die systemische Ebene zusammen: Ja, Politik muss führen! Sie darf und soll lustvoll sein. Sie erfordert Mut und Rückgrat. Politiker zu sein ist Dienerschaft am Volk – mit Achtsamkeit und Demut, zugleich mit Entschlossenheit und Macht. Im Politiker-Dasein spiegeln sich die Herausforderungen und Potenziale unserer Zeit – jene des individuellen Menschen, einzelner Gruppen und der Gesellschaft als Ganzes. Politisches Leadership heißt: sich selbst führen, Menschen führen und Systeme führen. Eine faszinierende Aufgabe und wohl ein großes Abenteuer!

Dieses Buch ist eine ungestüme und hoffentlich trotzdem wohlsortierte Liebeserklärung an die Politik. Es wendet sich an Menschen, die sich für das Politische interessieren. Es soll Lust auf Politik machen und erhalten. Es soll erhellen und provozieren – im besten Sinne des Wortes: anregen und herausfordern. Aus Gründen der besseren Lesbarkeit habe ich im Text auf eine Gender-Differenzierung der Sprache verzichtet. Ich bitte dafür um Verständnis.

Das Verfassen dieses Buches war für mich eine Art von

Schwangerschaft. Nun sind die Windungen und Gedanken aufgeräumt in der Welt angekommen und ziehen ihre Kreise. Es sind die Begegnungen mit Menschen und Ideen, die unsere Wege formen. In diesem Sinne wünsche ich Ihnen eine anregende Lektüre und freue mich auf Resonanzen.

Matthias Strolz
Wien, Dezember 2010

Politik aus der Sackgasse

Die Politiker am Ende

Die besten Geschichten erzählt das Leben. Eine Bekannte berichtete mir Folgendes: Sie fährt ihren siebenjährigen Sohn am Morgen zur Schule. Von der Rückbank meldet dieser: »Mama, ich werde als Klassensprecher kandidieren.« Die Mutter überrascht: »Das ist aber toll. Wie stellst du dir das vor?« Der Junge: »Na ja, ich hab mir überlegt, ich gebe den anderen Gummibärli. Dann wählen sie mich.« Die Mutter, zwischen Amüsement und Desillusionierung: »Okay, wenn es so weit ist, sag's mir. Dann besorge ich dir die Gummibären.« Daraufhin der Sohn: »Das brauchst du nicht. Ich versprech' ihnen das; aber sie kriegen die Gummibären nicht. Weil dann haben sie mich eh schon gewählt.«

Kein Berufsstand ist derart unten durch wie jener der Politiker. Ob zu Recht oder zu Unrecht – das Vertrauen in die Politiker und die politischen Parteien hat sich nahezu aufgelöst. Beide befinden sich »am Ende« – die Skalen in den unterschiedlichsten Studien zeigen stets das gleiche Bild. Es handelt sich dabei um kein geografisch isoliertes Phänomen; vielmehr verbindet es sämtliche westlichen Demokratien miteinander. So erhebt beispielsweise eine internationale GfK-Studie regelmäßig das Vertrauen der Bürger in verschiedene Berufsgruppen und Organisationen. Während die Feuerwehrleute mit einer Vertrauenszuschreibung von 94 Prozent das Feld international anführen – gefolgt von Lehrern und Ärzten –, tragen die Politiker seit Jahren »die rote Laterne« und bilden mit nur

14 Prozent Zustimmung das Schlusslicht. Allein von 2009 auf 2010 haben sie in den 19 untersuchten Ländern weitere 4 Prozentpunkte verloren. Besonders schlecht ist das Ansehen der Politiker in Italien (7 Prozent), Frankreich (8 Prozent) und Ungarn (9 Prozent).[1] Zum gleichen Befund kommen die breit angelegten Untersuchungen von Reader's Digest. In Deutschland brachten 2010 nur noch 10 Prozent der befragten Personen den Politikern Vertrauen entgegen, acht Jahre davor waren es noch 13 Prozent. Europaweit sank die Vertrauenszuschreibung an Politiker in diesem Zeitraum von 14 auf 8 Prozent.[2] Studien von Fessel GfK über das Vertrauen in die Lösungskompetenz des politischen Systems in Österreich zeigen aktuell die niedrigsten Werte seit Beginn dieser Umfragen zu Beginn der 80er-Jahre.

Politiker – unnötige Lügner?

Der Vertrauensschwund der Wähler wird langfristig zum Legitimationsschwund für die Parteien und rüttelt an den Grundfesten der Demokratie. Die politische Langzeitstudie »Die Österreicher/-innen« belegt, dass die Hälfte der Bevölkerung mit der Art, wie die Demokratie in Österreich funktioniert, nicht zufrieden ist. Jeder zweite Österreicher würde lieber Experten als die Regierung entscheiden lassen. Ein Fünftel kann sich gut »einen starken Mann« vorstellen, der sich nicht um Wahlen und Parlament kümmern muss.[3]

Die Stiftung für Zukunftsfragen erhob in einer internationalen Repräsentativstudie, dass in Deutschland Wahlmüdigkeit und Politikverdrossenheit internationale Spitzenwerte erreichen: Fast drei Viertel der Bevölkerung nennen »Unzufriedenheit mit Politikern und Parteien« als Ursache für wachsende Wahlmüdigkeit. Mehr als zwei Drittel fühlen sich durch Wahlversprechen belogen und über die Hälfte der Jungwähler meint, dass ihre Stimme ohnehin »keinen Einfluss hat«. »Politiker sind für die meisten Bundesbürger keine Verlässlichkeitspartner mehr«, so kommentiert Prof. Dr. Horst W. Opaschowski, der wissenschaftliche Leiter der Stiftung, die dramatische Datenlage.[4]

Die Glaubwürdigkeit von Politikern ist also im Keller. Jene, die gehofft haben, dass in der Wirtschaftskrise die Aufladung des Primats der Politik gegenüber der Wirtschaft auch als Chance für einen Vertrauensaufbau genutzt werden kann, wurden enttäuscht. Die Politik ist offensichtlich in eine Sackgasse eingefahren. Groß ist die allgemeine Ratlosigkeit, wie es mit ihr weitergehen soll.

Die Sehnsucht nach Glaubwürdigkeit

In den Sozialwissenschaften gibt es einen ausführlichen Diskurs über das Verhältnis von Demokratie und Vertrauen. In Zweifel gezogen wird, ob das abnehmende Vertrauen in die Politik uns alarmieren soll oder nicht. Manche Wissenschaftler meinen, man möge sich darüber nicht aufregen. Es könne ja auch Ausdruck davon sein, dass die Menschen heute in komplexeren Beziehungsgeflechten leben als früher. Das steigende Maß an Misstrauen sei damit eher ein Beleg dafür, dass die Leute die Informationen, Menschen und Institutionen, die auf sie einwirken, genauer und mit mehr Sachverstand prüften.[5]

Roger Willemsen, der deutsche Publizist, Autor und TV-Moderator, meint sogar, dass die Forderung nach Glaubwürdigkeit eines Politikers ein alogisches und spirituelles Verhältnis zum Politiker verrate. Ehrlichkeit werde dabei zum Fetisch. Sein Resümee: Die Übel dieser Welt würden weniger damit zusammenhängen, dass Politiker *nicht* an das glauben, was sie sagen, sondern damit, *dass* sie es glauben.[6] Er bemühte sich wohl redlich, seine satirische Feder spitz zu führen und schoss meines Erachtens etwas übers Ziel hinaus. Oder aber er hält damit eigentlich ein polemisch verkapptes Plädoyer für *mehr* Glaubwürdigkeit. Manche Intellektuelle schaffen die Annäherung an wichtige Themen ja nur durch ihre lautstarke Ablehnung (ein pubertäres Phänomen?). Jedenfalls finde ich Roger Willemsen ein paar Jahre später mit folgendem Internet-Tagebucheintrag: »In der Politik wird so gern von ›Glaubwürdigkeit‹ gesprochen, weil sie so wenig davon besitzt, und weil sie den geringen Glauben, den man ihr schenkt, so oft enttäuscht.«[7]

Demokratie als Ausdruck von Misstrauen

Fakt ist, dass die Menschen sich nach Glaubwürdigkeit sehnen. Gemäß einer Umfrage der Forschungsgruppe »Wahlen« im Auftrag der Bertelsmann Stiftung wird »Glaubwürdigkeit« als die wichtigste Eigenschaft für Politiker gesehen. Mit 71 Prozent deklassiert sie die Wünsche nach »Sachverstand« (53 Prozent), »Bürgernähe« (36 Prozent), »Tatkraft« (26 Prozent) und »Sympathie« (9 Prozent).[8] Die individuell Personen und Parteien zugeschriebene Glaubwürdigkeit ist also ein zentrales Wahlmotiv der Menschen. Wobei natürlich Glaubwürdigkeit schwer zu objektivieren ist. Ich kann die Einzelmeinungen addieren im Sinne einer Umfrage: Halten Sie den Politiker Max Muster für glaubwürdig oder nicht? Für wie glaubwürdig erachten Sie die verschiedenen politischen Parteien? Die Antworten ergeben dann ein Gesamtbild. Dies ändert nichts daran, dass Glaubwürdigkeit im Auge des Betrachters entsteht und dass der Verarbeitungsprozess von unbewussten Impulsen und bewussten Wahrnehmungen höchst individuell ist. Was ich für hoch glaubwürdig halte, können Sie für völlig unglaubwürdig erachten. In diesem Sinne operieren wir beim Begriff *Glaubwürdigkeit* an einem »weichen Phänomen« – es ist nicht leicht, dieses zu vermessen und vollends zu greifen. Glaubwürdigkeit entsteht gleichsam als Ausdruck eines Gesamteindrucks. Sie beschreibt das »Maß der Bereitschaft des Adressaten, eine Aussage, Aktion oder ein Bild einer Person, Organisation (…) anzunehmen und zu vertrauen.«[9]

Es geht also stark um Vertrauen. Wobei Demokratie und Vertrauen in einem ambivalenten Verhältnis zueinander stehen. Vertrauen erwächst in der Regel dort, wo sich Interessen näher kommen oder überlappen. Demokratie wurde jedoch dazu erfunden, auseinanderlaufende Interessen unter einen Hut zu bringen beziehungsweise im Zaum zu halten. So gesehen ist die Demokratie Ausdruck von Misstrauen. »Vertrauen ist gut, Kontrolle ist besser« – unter dieses Motto setzte Thomas Klestil seine Amtsführung als österreichischer Bundespräsident (1992–2004). Die eingebauten *Checks and Balances* als gegenseitige Kontrolle von Verfassungsorganen eines demokratischen Staates sollen tragfähige Gleichgewichte gewährleisten. Gleichzeitig kann eben eine Demokratie ohne Vertrauen nicht funktionieren. Man müsse »das Grundvertrauen haben, etwas tun zu können; man müsse aber auch dem anderen im politischen Dialog vertrauen können«, so die deutsche Bundespräsidentschaftskandidatin und Politologin Gesine Schwan in einer Rede im österreichischen Parlament.[10]

Ohne Vertrauen kein Zusammenleben

Worin unser Grundvertrauen ruhen muss, ist insbesondere die Annahme, dass die Entwicklung unserer Gesellschaft im Rahmen einer Demokratie unterm Strich einen positiveren Verlauf nimmt als unter anderen Herrschaftsformen. Geht uns dieses Vertrauen verloren, ist die Demokratie am Ende. Diese Verlässlichkeit des demokratischen Systems muss immer wieder neu aufgeladen werden. Meine Stimmabgabe erfolgt im Vertrauen darauf, dass der von mir gewählte Politiker seine Versprechen, als meine inhaltlichen Präferenzen, im Großen und Ganzen umsetzt. Ist dieser Wirkungszusammenhang nicht mehr gegeben oder wird er nicht mehr als solcher erkannt, führt sich eine repräsentative Demokratie ad absurdum und findet langfristig keine Akzeptanz mehr. Die erodierende Glaubwürdigkeit des Berufsstandes Politik unterminiert in diesem Sinne die Fundamente der Demokratie. Fehlt das Vertrauen in die demokratisch legitimierten Politiker und die politischen Institutionen, so liegt es nahe, mit anderen Herrschaftsformen zu liebäugeln. Dann werden die Menschen ihr Vertrauen anderweitig investieren – denn »zu vertrauen« ist gleichsam alternativenlos.

Vertrauen ist, so der Soziologe Niklas Luhmann (1927–1998), ein *Mechanismus zur Reduktion sozialer Komplexität* und eine riskante Vorleistung. Dort, wo die rationale Abwägung von Informationen – aufgrund unüberschaubarer Komplexität, wegen Zeitmangels zur Auswertung oder des Fehlens von Informationen überhaupt – nicht möglich sei, befähige Vertrauen zu einer auf Intuition gestützten Entscheidung.[11] Die anhaltende Informationsexplosion und die steigende Komplexität gesellschaftlicher Zusammenhänge lassen immer weniger eine individuelle, faktische Prüfung von relevanten Sachverhalten und sichere Erkenntnis zu. Deshalb wird die Vertrauenswürdigkeit von Politikern und Institutionen zu einem zentralen Kriterium bei Wahlentscheidungen. Es ist die Sehnsucht nach Orientierung in einer komplizierten Welt, die das Verlangen nach Glaubwürdigkeit, Verlässlichkeit und Wahrhaftigkeit schürt.

Folgende zentrale Fragen tun sich in diesem Zusammenhang auf: Ist die Demokratie in einer derartigen Vertrauenskrise, weil die Politiker so »ungenügend« sind? Oder sind diese ungenügenden Politiker vielmehr Ausdruck und Ergebnis eines maroden Systems? Wenn wir Glaubwürdigkeit für so wichtig halten – wieso investieren Politiker nicht stärker in diesen vermeintlichen Wettbewerbsvorteil? Positiv formuliert: Wie können Politiker den Erfolgsfaktor Glaubwürdigkeit stärken? Jedenfalls unbestritten erscheint mir, dass zur Hebung der Glaubwürdigkeit nicht nur die Politiker gefordert sind, sondern auch die systemische Ausgestaltung der Politik. Ebenfalls außer Streit steht für mich, dass die destruktiven Dynamiken im politischen Kontext zugenommen haben. Die Zerstörer der Glaubwürdigkeit – sowohl auf individueller als auch auf systemischer Ebene – gewinnen augenscheinlich an Dominanz. Deswegen analysiert dieses Buch zuerst eben diese und macht danach Vorschläge, wie die Glaubwürdigkeit wachsen kann.

Teil 1

Welche Dynamiken zersetzen die Glaubwürdigkeit?

Das System in der Krise

Die destruktive Spielanlage

Im Fußball gibt es auch Fouls. Manchmal brutale. Und trotzdem hat er das Image eines mehr oder minder fairen, attraktiven Wettbewerbs. Die Klubs und die einzelnen Spieler kultivieren ihre körperliche Fitness und ihr spielerisches Können. Taktik und Raffinesse bringen wichtige Würze mit ins Spiel. Was wäre jedoch, würden sich sämtliche Vereinsspitzen und Spieler täglich bemühen, ihre Gegner schlecht zu machen? Sicherlich hätte auch das großen Unterhaltungswert. Doch welche Auswirkungen hätte es auf die Dynamik der Auseinandersetzung auf dem Spielfeld? Und welchen Imagewandel würde der Fußballsport damit vollziehen?

Nun, Politik ist nicht Fußball. Vielleicht ist der Vergleich auch nicht fair. Doch jedenfalls könnte sich die Politik etwas vom Fußball abschauen: nämlich den starken Fokus auf die *eigene* Leistung. Worauf will ich hinaus?

Machen wir zuerst ein paar Schritte zurück ins Grundsätzliche: Was ist Politik und wie tickt sie?

Vom Faustrecht zur Jagd nach Stimmen

Politik hat die Aufgabe, unser Zusammenleben zu gestalten. Was nun dabei konkret zu tun ist, darüber gibt es bekanntlich unterschiedliche Auffassungen. In feudalen Systemen galt das Prinzip »Ober sticht Unter«; willst du was anschaffen, solltest du als »Ober« geboren sein. In Diktaturen basiert der Führungsanspruch in der Regel auf dem Befund: »… weil ich dich totschießen kann, wenn ich will«; in weniger martialischen Worten: weil die regierende Clique den anderen politischen Kräften im Land militärisch überlegen ist. Wie ist das nun mit unseren Demokratien? In ihrer *grundsätzlichen Betriebslogik* sind ein diktatorisches Regime und Demokratien gleich: Es geht um Machtausübung. Der Unterschied liegt darin, dass der zentrale Hebel dafür in Demokratien jener der *Stimmenmaximierung* ist und nicht jener des besseren Gewehrs oder des schnelleren Schusses.

Die Demokratie fußt also auf einem breiten Konsens darüber, dass es in der Politik um Gestaltung und Einflussnahme geht und dabei die Wahlergebnisse über die Durchsetzung von Forderungen und Zielen entscheiden sollen. Alle politischen Kräfte verpflichten sich im Rahmen der Verfassung auf ein Spiel, das lautet: Ich bringe meine Ideen und Ansätze ein und du deine. Am Wahltag schauen wir dann, wem das Volk – der Souverän – wie viel an Gestaltungsmandat gibt. Das Kalkül dabei: So wird langfristig gewährleistet, dass nicht Einzelpersonen oder Partikularinteressen das Land regieren. Es soll zu einem permanenten Ausbalancieren der unterschiedlichsten Interessen und zu einem steten Durchbruch guter Ideen und Ansätze kommen. Es gibt frei wählbare Parteien. Das Bessere wird hier systematisch gefördert – und in Summe wird sich die Gesellschaft insgesamt positiv weiterentwickeln.

Demokratie in der Abwärtsspirale!?

Erwiesenermaßen handelt es sich bei der Demokratie um eine gute *Spielanlage* für ein Gemeinwesen. Die Entwicklung vieler demokratisch verfasster Länder mit weitgehendem Frieden, dem Schutz der individuellen Freiheiten, prosperierenden Wirtschaftssystemen und hohem sozialem Wohlfahrtsniveau belegt, dass die Demokratie als Idee auch funktioniert. Warum aber ist die Politik, die ja diese Spielanlage repräsentiert, dann so schlecht angeschrieben und ihre Glaubwürdigkeit so im Eimer?

Ich denke, es hat viel damit zu tun, dass wir in unseren Republiken über weite Strecken vergessen haben, dass die Parteien in einem Wettbewerb zueinander stehen und *gleichzeitig* gemeinsam einem höheren Ziel verpflichtet sind: nämlich ihrem Land, seinen Menschen und der Demokratie. Konkurrenz und Kooperation sind die zwei zentralen, gleichwertigen Wesenskerne der Demokratie. Die Verabsolutierung des Konkurrenzdenkens, wie wir sie meines Erachtens zu oft beobachten, unterminiert das Vertrauen. Das *gemeinsame Ganze* rückt dabei aus dem Blickfeld. Der Gegner kommt übergroß in den Fokus.

Einerseits habe ich Verständnis dafür, andererseits halte ich es für eine Tragödie. Mein Verständnis: Aus Sicht der Parteien sind Wahlen vor allem ein *Nullsummenspiel* – eine Konkurrenzsituation, bei der Erfolge oder Gewinne eines Beteiligten einem Misserfolg oder Verlust eines anderen Beteiligten gegenüberstehen. Diese Ambivalenz der Demokratie können wir nicht auflösen. Sie muss in der Verpflichtung auf das gemeinsame Ganze vom jeweiligen Verlierer würdevoll ertragen werden. Der Trost der Demokratie: Nach der Wahl ist vor der Wahl. Die nächste Chance ist mit Ende der Amtsperiode oder gar vorgezogenen Neuwahlen programmiert. So lange der Konsens und die Verantwortung für das gemeinsame Ganze – »unser Land als Demokratie« – tragen, wird es einen friedlichen Wettbewerb der Parteien geben.

Die Tragödie allerdings: Das Nullsummenspiel bekommt in unseren westlichen Demokratien zunehmend den Charakter eines *race to the bottom* (ein Begriff aus der Spieltheorie; in der deutschen Übersetzung: Abwärts-Wettlauf) – ein Spiel, dessen Summe negativ ist. Es kommt zu einem Abbau der ethischen und moralischen Hemmschwellen im Spiel. Wahlkämpfe zielen immer stärker darauf ab, nicht die eigenen Ideen und Ansätze zu bewerben, sondern den Gegner zu beschädigen. Als Politikberater habe ich ein gespaltenes Verhältnis dazu: Jeder moderne, professionelle Wahlkampf hat auch eine *Negative Campaigning*-Schiene. Es geht darum, negativen Botschaften über den politischen Mitbewerber möglichst viel Energie zu geben. Ich meine, es ist grundsätzlich auch legitim, negative Botschaften zu verbreiten. Ich stehe ja im Wettbewerb und finde meine Ansätze überlegen. Ich halte mich für die bessere Wahl – und meinen Mitbewerber für die schlechtere. Das darf auch in aller Klarheit zum Ausdruck gebracht werden. Was ich jedoch als Berater nicht unterstützen würde, ist ein Wahlkampf, der hauptsächlich auf Negativbotschaften aufbaut oder gar die Beschädigung des Gegners als ein zentrales Ziel verfolgt. Wie so oft im Leben macht auch hier die Dosis das Gift.

Dirty Campaigning als professionelles politisches Handwerk?

»In der Politik haben wir uns grosso modo angewöhnt, die Mitbewerber mit nahezu allen verbalen Mitteln schlechtzumachen, in der Hoffnung, dadurch selbst in besserem Lichte zu erscheinen.« Dieses kritische Resümee zieht Caspar Einem, ehemaliger Innenminister und späterer Bundesminister für Wissenschaft und Verkehr der Republik Österreich.[12] In amerikanischen Wahlkämpfen sind jene *Intelligence*-Stäbe, die belastendes Material und Halbwahrheiten über Gegenkandidaten zusammentragen, mittlerweile zu den ressourcenstärksten Abteilungen in Wahlkampforganisationen aufgestiegen. Es geht darum, möglichst viel »Munition« zusammenzutragen, die dann im engen Kreis – im sogenannten *War Room* als Kommandozentrale für den Wahlkampf – zu Giftpfeilen umgearbeitet wird.

Vom Negative Campaigning ist es ein schmaler Grat hin

zum *Dirty Campaigning*. Dabei wird die Legitimität negativer Botschaften überschritten. Systematische Verunglimpfung wird in diesem Kontext leider allzu oft als politische Handwerkskunst zelebriert. Jede Halbwahrheit ist willkommen; jeder Schlag unter die Gürtellinie professionell geplant. Möglichst viel, möglichst punktgenau, möglichst schmerzhaft für den Empfänger und seine Integrität – idealerweise mit geringem Aufwand, maximalem Schaden und ohne auf Seiten des Aggressors Spuren zu hinterlassen.

Was sind die Konsequenzen: Da durch die fortschreitende Medialisierung der Politik permanenter Wahlkampf herrscht (vgl. »Die mediale Verwertungslogik«, S. 32), wird laufend mit Dreck geworfen. Es regiert der tägliche Versuch der wechselseitigen Beschädigung. Diese Spirale der Desavouierung ist offensichtlich kaum zu verlassen. Verständigen sich Spitzenvertreter zweier Parteien auf einen Nicht-Angriffs-Pakt, wie beispielsweise die SPÖ-ÖVP-Regierung in Österreich im Jahr 2009, so werden sie sofort des Kuschelkurses und der Konturlosigkeit bezichtigt. Auch ist es nur eine Frage der Zeit, bis der Dreck aus der zweiten Reihe geflogen kommt. Die Retourladung streift dann schon die erste Reihe … und im Handumdrehen sind wir wieder im Wettlauf der wechselseitigen Beschädigung.

Die zersetzende Kraft dieser täglichen Destruktivität für das gemeinsame Ganze wird als Kollateralschaden in Kauf genommen. Keine andere Branche in unserer Gesellschaft hat so einen gnadenlosen Zug in Richtung Selbstbeschädigung. Die Akteure der Politik bezichtigen sich täglich wechselseitig des Versagens, der Unredlichkeit und der Charakterlosigkeit. Irgendwann kommt die Botschaft an: alles Versager, alle unredlich, alle charakterlos. »Die Politik ist ein dreckiges Geschäft« wird so zunehmend zu einem Grundempfinden unserer Gesellschaft.

Die zwiespältige Gesellschaft

Befund 1: Circa 30 Prozent der Bevölkerung verweigern »wegen des fehlenden Niveaus der handelnden Personen« die Aufnahme politischer Inhalte. Sie leben losgelöst, abgekoppelt von der Politik, konsumieren keine Nachrichten und klinken sich aus, wenn Menschen in ihrer Umgebung über Politik diskutieren. Die Politik ist ihnen einfach zu blöd und widert sie an. »Verweigerer kritisieren einen Mangel an Vertrauensfähigkeit und gleichzeitig einen Überschuss an Streit, Klatsch, Tratsch und Skandalen.« Diese Feststellung liefert Nina Werlberger, studierte Politikwissenschaftlerin, in ihrem Buch »Verweigerer – Leben ohne Politik«.[13]

Befund 2: Wenn ich am Morgen mit der Wiener U-Bahn ins Büro fahre, dann ist die absolute Mehrheit der Fahrgäste in Zeitungen versunken – konkret in zwei Gratis-Tageszeitungen. Sie bestehen zu einem Gutteil aus Klatsch, Tratsch, Streit und Skandalen. Ich versinke dann stets mit – blättere gierig, um zu wissen, wer heute mit wem wofür und wer gegen wen und wie. Man will ja nichts verpassen. Politik als Daily Soap; eine inszenierte Fortsetzungsgeschichte, die süchtig macht. Faszinierend und anwidernd zugleich.

Die Wähler gehören beschimpft

Die Ambivalenz regiert, wenn es in unserer Gesellschaft um Politik und Politiker geht. Einerseits soll die Politik alles richten und es wird die (Er-)Lösung von ihr erwartet; andererseits ist sie ohnehin komplett überfordert und für nichts zu gebrauchen. Die Anspruchsspirale an die Politiker schraubt sich munter hoch: Sie sollen reparieren, was nicht läuft; sie sind schuld, wenn's nicht geht; sie sollen regeln und entscheiden, was fraglich ist, und dabei die Gesetzesflut endlich eindämmen. Politiker sind zu einer zentralen Projektionsfläche für eine allgemeine gesellschaftliche Desorientierung und für persönliche Frustrationen geworden. Jeder darf auf sie schimpfen und jeder schimpft auf sie. Begegnen »die Menschen von der Straße« dann aber einer Ministerin, einem Landeshauptmann oder dem Bürgermeister persönlich, erstarren sie meist in Ehrfurcht und sind sich anschließend überraschend oft einig, dass der oder die »eigentlich ein ganz sympathischer Mensch« ist.

Die reflexartige Reaktion bei einer *nicht-persönlichen* Begegnung ist jedoch landläufig anders: Politiker reden nur heiße Luft, wollen nur die Macht und scheren sich nicht um ihre Wähler. Sie sind »die da« in Berlin, Wien oder Brüssel, eine Kaste eitler Nichtskönner, faul und verschwenderisch. Nikolaus Blome, Leiter des Berlin-Büros der *Bild*, bringt es in seinem Buch gut auf den Punkt. Mit seinem Titel »Faul, korrupt und machtbesessen? – Warum Politiker besser sind als ihr Ruf« seziert er die Vorurteile gegen Politiker und entlarvt sie als realitätsblind und unfair.[14] Er kritisiert den Widersinn des Wählers, der von seinem Wahlkreisabgeordneten will, dass er legitime Interessen knallhart durchsetzt, aber Machtpolitik für ruchlos hält. Er zeichnet das Bild eines Wählers, der Sprechblasen verabscheut, aber die Wahrheit nicht verträgt. Sein leicht polemisches Fazit: Nicht die Politiker gehören beschimpft, sondern die Wähler.

Darüber lohnt sich, nachzudenken. So sind die Politiker beispielsweise häufig mit dem Vorwurf konfrontiert, dass sie mit Populismus über differenzierte Sachpolitik hinwegfegen. Ja, das stimmt. Doch wer trägt hier die Schuld dafür? Ein Beispiel: Wer hat etliche europäische Staaten durch jahrzehntelang überzogene Budgetdefizite an den Rand des Abgrunds gebracht? Sind es die Politiker, die selbst in Zeiten der Hochkonjunktur nicht fähig waren, einen ausgeglichenen Haushalt zu führen? Oder sind es die Wähler, die beharrlich jene Gruppe wählten, die ihnen 100 Euro mehr für die Geldbörse versprachen? Einerseits belegen Studien, dass die Menschen Wahlversprechen ohnehin für Lügen halten. Andererseits haben die Massen beständig jene Parteien gewählt, die ihnen Wünsche erfüllten, von denen alle wussten, dass sie nur mit immensen Schuldenlasten für die nachfolgenden Generationen finanzierbar waren. In diesem Kontext agierten wohl beide Seiten – Volk und Politiker – im wahrsten Sinne des Wortes weitgehend »ohne Rücksicht auf Verluste«.

Wer das Richtige tut, wird abgewählt!?

Tatsächlich sind die Politiker mit einer schwierigen Spielanlage konfrontiert: »Wir können schon das Richtige tun, aber wir werden dann nicht mehr gewählt werden.« Das sagte mir kürzlich ein Minister am Rande einer Podiumsdiskussion. Wenige Wochen zuvor begleitete ich eine Strategieklausur mit Abgeordneten, aus der ich folgende Notiz mitnahm: »Der, der sagt, es gibt ein Pensionsproblem und hier eine Reform durchsetzt, wird abgewählt.« Ja – was soll man nun machen, wenn es sich so verhält?

Die Problematik scheint allerdings keine rein postmoderne zu sein. Schon Niccolo Machiavelli (1469–1527) schreibt in seinen »Discorsi«, seinen Thesen über Politik und Staatsführung: »Da nun hervorragende Männer in verderbten Republiken, besonders in ruhigen Zeiten, aus Neid und Ehrgeiz angefeindet werden, so geschieht meist das, was aus einem allgemeinen Irrtum für gut erklärt oder von Leuten vorgeschlagen wird, die mehr die Gunst als das Wohl der Menge anstreben.«[15] Opportunismus war also schon immer *ein* Aspekt des Politischen. Doch findet er sich nicht nur auf Seiten der Politiker. Meine Beobachtungen des 21. Jahrhunderts belegen: Je desinformierter der Bürger, desto leidenschaftlicher seine Aburteilung der politischen Akteure. Je geringer das Bildungsniveau des Wählers, desto höher seine Tendenz in Richtung (extreme) Protestparteien. Es wird der Politik nicht zugestanden, dass sie in einem hochkomplexen Feld unter schwierigen Bedingungen operiert. Dabei ist die Erfüllung einer Führungsaufgabe im politischen Kontext oft wesentlich anspruchsvoller als etwa in der Privatwirtschaft.

Politik wird landläufig nicht als ein Beruf gesehen, der hohe Ansprüche an den Sachverstand, die System- und Sozialkompetenz sowie an die Erfahrung und persönliche Reife der Verantwortungsträger stellt. Würde man in differenziertere Betrachtungen eintauchen, dann käme einem mitunter ein Lieblingsfeindbild abhanden. Die »beschissene Politik« könnte bei genauem Hinschauen nicht weiterhin als Projektionsfläche für die eigene Unzulänglichkeit und Unzufriedenheit dienen. Das Schimpfen auf die Politiker würde sich zu einem Gutteil als *Mechanismus der Selbstaufwertung durch Fremdabwertung* entlarven.

Fazit: Der Politiker ist also recht viel zur selben Zeit – Erlöser und Totalversager, Held und Nichtsnutz, kundiger Fachmann für individuelle Detailprobleme und charismatischer Führer mit großem Weitblick. Die Zwiespältigkeit der Gesellschaft und ihre Inszenierung in einer Mediendemokratie birgt viel destruktives Potenzial für die Glaubwürdigkeit der Politik; gleichzeitig auch viele Chancen. Der Politiker ist jedenfalls ein Hand- und Mundwerker, der einen guten – idealerweise konstruktiven und moralisch hochstehenden – Umgang mit Widersprüchen finden muss, sonst ist er in dieser Welt verloren oder dem Gemeinwesen nicht dienlich.

Die mediale Verwertungslogik

Wie viel Inhalt, Ehrlichkeit, Nachhaltigkeit und Ausgewogenheit ist in der Politik erwünscht? Wie viel ist unter den gegebenen Rahmenbedingungen einer Mediendemokratie möglich? Die politischen Akteure sind zur Verbreitung ihrer Botschaften zwingend auf die Medien als Kommunikationskanäle angewiesen. Die Medien sind – neben der Gesetzgebung, der Gesetzesvollziehung und der Rechtsprechung – zur vierten Gewalt in demokratischen Staaten aufgestiegen. Sie sind von zentraler Bedeutung, um zu informieren und Machtkonzentration sowie Willkür hintanzuhalten. Doch jenseits der Informations- und Kontrollfunktion dominiert in unseren Zeiten offensichtlich der Quotendruck. In diesem Kontext gehen Massenmedien immer stärker in die Rolle von eigenständigen politischen Akteuren – mit dem Ziel, die Meinungsbildung und die politischen Handlungsspielräume maßgeblich mitzubestimmen.

Was bringen wir aufs Titelblatt?

Es regiert der tägliche Verwertungsdruck. Kein Thema, das man in Ruhe bearbeiten kann, ohne sich ständig die Frage zu stellen: »Und was machen wir daraus? Wie lautet die Kernbotschaft? Welches Wording hat die Schlagzeile? Welches Bild gibt es dazu?« Die Politiker und die Journalisten stehen hierbei in symbiotischer Abhängigkeit zueinander. Die Stäbe und Berater der Spitzenpolitiker investieren prioritär in Fragen der mediengerechten Inszenierung. Weniger Energie geht in die inhaltliche Arbeit. Nicht »Was ist gut für unsere Gesellschaft, für die Menschen?« ist die Leitfrage, sondern »Wie lautet die Schlagzeile? Was bringen wir aufs Titelblatt? Wie schaffen wir's in die Abendnachrichten?«

Die Funktionsfähigkeit der Demokratie setzt leistungsfähige

Rückkoppelungssysteme zwischen Politik und Gesellschaft voraus. Dazu gehört insbesondere eine breite, differenzierte und kritische Medienberichterstattung. Doch scheint das nichts für die Massen zu sein. Die – aufgrund des marktwirtschaftlichen Rahmens logische – Quotenschlacht zwischen den Medien befördert vor allem Skandalisierung und Negativität (»only bad news are good news«). Die flüchtige und oberflächliche Wahrnehmung der Menschen in überreizten Mediengesellschaften fordert ihren Tribut. In Boulevardmedien besteht Politikberichterstattung fast ausschließlich aus Bildern, Schlagzeilen und Polemiken. Die sogenannten Qualitätsmedien scheinen zumindest nicht immun gegen diesen Virus.

Politik als tragisch-komische Daily Soap

Politik wird zum täglichen »Dschungelcamp« für die Spitzenvertreter – als *Daily Reality Soap* und *Personality-Show* inszeniert. Medienmacher, Journalisten und Politiker – alle machen mit, um auch weiterhin in jeweils ihrem Sektor eine Hauptrolle zu spielen. Die Medien jagen munter ihrer Quote nach; die Parteien und deren Spitzenvertreter versuchen möglichst viel an Glanz abzubekommen und dabei den Gegner möglichst blöd aussehen zu lassen; der einzelne Politiker gleitet durch das Spiel mit dem Scheinwerfer in die Abhängigkeit. Die mediale Aufmerksamkeit degeneriert zur Droge nach dem Motto: Fifteen Minutes of Fame – und zwar täglich, sonst macht sich depressive Verstimmung breit (vgl. »Die narzisstischen Verführungen«, Seite 67). Die Bürger unterhalten sich prächtig dabei, um sich wenig später angewidert abzuwenden. Am nächsten Tag wird wieder »eingeschalten« – in einer Ambivalenz von Faszination, Beklemmung, Voyeurismus und Ablehnung.

Eine besonders beliebte Spielart der oberflächlichen Inszenierung ist der sogenannte *Horse Race*-Journalismus. Einst bedeutete Demokratie, alle vier oder fünf Jahre zu wählen. Der *Point of Sale* – um in die Marketingsprache zu wechseln – fand anders als bei Babywindeln und Haarshampoo nicht täglich statt, sondern in langfristigen Abständen. Dazwischen war Luft zum Atmen und Zeit zum Gestalten. Durch die Medialisierung der Politik wird heutzutage jedoch dieser Point of Sale durchgängig simuliert – es wird täglich abgerechnet. Politik wird somit zur permanenten Konfrontation und zum andauernden Beauty-Contest. Mit der Sonntagsfrage wird laufend ermittelt, wer die Nase vorne hat; mit Vertrauensindizes wird wöchentlich der Auf- und Abstieg der Politiker gemessen und ein Heer von Kommentatoren vergibt täglich Haltungsnoten. Das Spiel mit der Emotion wird dabei zur unverzichtbaren Trumpfkarte. Geschichten über Politikstrategie und Personality ersetzen Berichte über politische Inhalte. Die Sachdebatte wird durch *das Match* und *das Duell* ersetzt, die Politik solchermaßen zum Spielball der Boulevardisierung unserer Gesellschaft.

Die Medien agieren in ihrer Schnittstellenfunktion zwischen Machthabern und Wählern dabei zunehmend – mit den Worten des österreichischen Journalisten und Zeitungsherausgebers Heinz Nußbaumer – »als machtvolle Theaterleiter und Regisseure, als Souffleure und Drehbuchautoren des großen politischen Schauspiels.« Sein Resümee: »Die ›Medialisierung‹ der Politik – mit verkürzten, plakativen Inhalten, mit Gefühlen und Symbolen statt Fakten, mit Personalisierung, Zuspitzung und gegenseitigem Vertrauensvernichtungsspiel – treibt den Bürger entweder in die Apathie oder zu jenen Populisten, die das Spiel mit der Rhetorik und der telegenen Unterhaltung am besten beherrschen.« Nußbaumers Rat an Politiker und Medien: »Mehr Würde, mehr Distanz voneinander – und ein beidseitiger Rückzug auf den Boden der eigenen Zuständigkeit.«[16]

Medien und Politiker als argwöhnische Komplizen

Doch diese Entwicklung dürfte noch auf sich warten lassen. *Würde* erscheint gegenüber Profit eine matte Kategorie; *Distanz* wird durch fragwürdige Deals aktiv beseitigt: z.B. durch das Kaufen von seitenlangen Inseratenstrecken in diversen Printmedien, wie von österreichischen Ministern und Parteien häufig praktiziert. Von Rückbesinnung auf das eigene Handwerk keine Spur: Die Medien machen munter Politik; und die Politiker trachten danach, Journalismus zur Public-Relations-Veranstaltung zu degradieren. Unter Witterung der gerade herrschenden Stimmungslage – gemäß Umfragen – sind beide Seiten geneigt, sämtliche Grundsätze zugunsten einer guten Schlagzeile über Bord zu werfen. Nachricht wird bedenkenlos mit Werbung vermischt und Berichterstattung hemmungslos »gekauft«.

Österreich war in diesem Kontext zuletzt eine beklemmende Fallstudie. Insbesondere die dominante *Kronen Zeitung* liebt es, selbst Partei zu sein, Kandidaten aufs Schild zu heben, sie zu disziplinieren oder fallen zu lassen, Kampagnen im großen Stil zu fahren und es mit der Wahrhaftigkeit nicht so genau zu nehmen. Wolfgang Schüssel (ÖVP) war der einzige Bundeskanzler, der sich traute, im offenen Widerstand gegenüber der *Kronen Zeitung* zu regieren. Seine zwei Nachfolger gaben sich hier »demütiger«. Alfred Gusenbauer und Werner Faymann (SPÖ) schrieben 2008 gemeinsam einen Brief an den *Krone*-Herausgeber und unterwarfen sich öffentlich der dumpfen Hetze des Blattes gegen die EU, um sich so – zumindest vorübergehend – die Unterstützung der größten Tageszeitung des Landes zu sichern. Doch Zeitungsherausgeber sind mitunter wankelmütig – auch wenn sie sich allzu oft hinter dem Anspruch der Aufklärung und Anständigkeit verbergen. Schon kurze Zeit später profitierte mit Hans Peter Martin ein anderer Politiker von der Gunst desselben Zeitungsmachers: Die One-Man-Show der Liste Martin wird mit täglich zwei Seiten in der *Kronen*

Zeitung zur drittstärksten Kraft bei den EU-Wahlen 2009. Ein knappes Jahr später wiederum kampagnisiert dieselbe Zeitung für die Präsidentschaftskandidatin der FPÖ, Barbara Rosenkranz. Als im Wahlkampf ihre bekannte Affinität zur rechtsextremen Szene aufkocht, muss sie sich auf Geheiß der *Krone* im Rahmen einer Pressekonferenz von manchen ihrer Aussagen distanzieren. Im Finale des Wahlkampfs zu den Wiener Landtags- und Gemeinderatswahlen im Herbst 2010 wiederum veranstaltet die *Krone* mit einer Kampagne zur Abschaffung der Wehrpflicht ein Doppelpass-Spiel mit Bürgermeister Michael Häupl (SPÖ).

Ungesunde Macht-Konzentrationen

Politiker und Journalisten teilen sich traditionell die letzten Plätze bei Erhebungen hinsichtlich der Glaubwürdigkeit von Berufsgruppen. Diese Schicksalsgemeinschaft führt jedoch nicht dazu, dass sie sich untereinander mögen oder schätzen würden. Wenn Politik und Medien miteinander ins Geschäft kommen, handelt es sich wohl eher um knallhart kalkulierte Profit- und Machtkoalitionen. Umfragen des Mainzer Medienwissenschaftlers Hans Mathias Kepplinger unter Hauptstadtjournalisten und Bundestagsabgeordneten belegen, dass keine Seite der anderen traut. Jeder zweite Journalist ist davon überzeugt, dass Politikern jedes Mittel recht ist, um an Wählerstimmen zu kommen. Die Politiker wiederum sind sich sicher: Jedem zweiten Journalisten ist jedes Mittel recht, wenn es um die Auflage geht. Und beide Seiten wollen im Gebiet der jeweils anderen Seite mitmischen. Politiker wollen ihren Einfluss in den Medien ausdehnen und Medienvertreter offensiv in der Politik mitregieren. Kepplingers Fazit: Prestige genießen heute nur jene Politiker, die in den Medien präsent sind. Die Macht der Medien werde daher weiter zunehmen.[17]

Die strukturelle Beschaffenheit des Mediensektors spiegelt die Hoffnungslosigkeit der Thematik. »Haut dem Springer auf die Finger« – der Versuch der 68er-Bewegung, die Macht von Medien-Zaren wie Axel Springer einzuschränken, wurde zum Treppenwitz der Geschichte. Mittlerweile schaltet die 68er-Generation selbst in den Medienkonzernen. Freilich werden World Wide Web und Social Media (Blogs, Diskussionsforen, Soziale Netzwerke etc.) als ein Lichtblick der Gegenöffentlichkeit gefeiert. Doch darf man im Lichte der Entwicklungen der letzten Jahrzehnte skeptisch sein. In Deutschland schreitet die Integration der Medienlandschaft weiter voran, auch wenn das deutsche Kartellamt durchaus mutige Interventionen setzt (wie z.B. 2006 das Verbot der Übernahme von ProSiebenSat.1 durch den Verlagsriesen Springer). In Österreich zeigt die Konzentration der Medien in der Hand von wenigen Akteuren schon seit Jahrzehnten Ausmaße, die wettbewerbsrechtlich bedenklich sind. Faktisch begann das Kartellrecht erst in Ansätzen zu greifen, als die zwei größten Sündenfälle schon passiert waren (Mediaprint 1988 und Formil-Fusion 2001).[18] Offensichtlich trauten sich da weder die Politik noch die Behörden einzugreifen. Allerdings finden wir Erleichterung im Blick über die Grenzen: Es geht noch schlimmer. In Italien regiert Berlusconi mit seinem eigenen Medienkonzern.

Moderne Mediendemokratie bedeutet offensichtlich zunehmend, dass Nachrichtenfabriken ihre »politischen Geschichten« im großen Stile selbst inszenieren und auf sämtlichen Kanälen durchschalten. Die Daily Soap *Politik* ist ein guter *Business Case* und wird dramaturgisch professionell durchgestylt: in der Früh der Skandal in der Zeitung, zu Mittag die Tränen im Radio, am Abend das Geständnis im TV, am nächsten Morgen die Schuldigen auf der Titelseite; dazu begleitend eine Diskussion im Web ... Für investigativen Journalismus und alte journalistische Grundsätze à la »check, cross-check, double-check« ist wenig Zeit, kaum Geld und kein Platz mehr vorhanden.

Es ist also mit Sicherheit ein Spießrutenlauf für all jene, die im Dschungel der Mediendemokratie ihre Glaubwürdigkeit bewahren wollen. Die Medienunternehmen agieren unter großem wirtschaftlichem Druck und bewegen sich, wie die Politiker selbst, in einem hochambivalenten Umfeld. Unzählige Fallstricke und Fanggruben warten auf die Akteure auf beiden Seiten – Journalisten und Politiker. Wohl bedarf es auch in diesem Kontext mehr denn je jener Eigenschaften, welche die Psychologie als Resilienz (Widerstandsfähigkeit) und Ambiguitätstoleranz (Ungewissheitstoleranz) bezeichnet. Ich werde im Kapitel »Leadership – Politik muss führen!« (Seite 189) im Detail darauf eingehen.

Die wirre Komplexität

»Ich weiß, das klingt alles sehr kompliziert …«, sagte der österreichische Bundeskanzler Fred Sinowatz anlässlich seiner Regierungserklärung 1983 im Bemühen um die Darstellung der Herausforderungen der nächsten Jahre. Dieses Zitat – verkürzt auf »Es ist alles sehr kompliziert« – wurde zum Running Gag der österreichischen Innenpolitik. Auch wenn sie oft mit polemischem bis zynischem Unterton serviert wird, ist und bleibt diese Aussage eine treffliche Analyse der systemischen Spielanlage.

Unser menschliches Dasein ist eine komplexe Angelegenheit. Das diffizile Zusammenspiel im Rahmen moderner, funktional differenzierter Gesellschaften ist immens vielschichtig und vertrackt. Die Politik soll dabei den Rahmen für sämtliche anderen gesellschaftlichen (Teil-)Systeme setzen – so zumindest ist mein Verständnis einer Demokratie. Insofern kommt ihr eine Form der hierarchischen Überordnung zu. Gleichzeitig muss sie sich in den Dienst des Gesamten stellen. Dabei hat sie faktisch keine unmittelbaren Durchgriffsmöglichkeiten. Die Politik kann Interventionen setzen, um Richtung zu geben. Aber es wird am Ende nicht immer das herauskommen, was sie sich wünscht beziehungsweise was sie anschafft. Zudem ist die Politik selbst ja kein monolithischer Block, sondern ein bunt schillernder Kosmos, in dem die eine Kraft in diese Richtung zieht, eine andere in die entgegengesetzte.

Ist die Politik nun oben oder unten?

Die Sozialwissenschaften beschreiben die Politik sogar als ein Teilsystem *ohne* hierarchische Überordnung. Der deutsche Gesellschaftstheoretiker Niklas Luhmann als einer der Begründer der soziologischen Systemtheorie etablierte die These der grundsätzlichen *selbstreferentiellen Geschlossenheit funktioneller Teilsysteme*. Salopp formuliert: Jedes Teilsystem – ob z.B. Politik, Gesundheit, Bildung oder Militär – ist eine Art *geschlossene Welt* für sich. Hier entfacht sich natürlich ein breiter (wissenschaftlicher) Diskurs: Wenn also die Teilsysteme in einer Art Autismus nebeneinander »dahinwerkeln«, was ist dann der Job der Politik dabei? Wissenschaftlicher formuliert: Welche Form von politischer Steuerung ist möglich? Und wie sind Leistungsfähigkeit und Grenzen des Ordnungsmodells *Demokratie* zu beurteilen?

Es sind dies hochbedeutende Fragen, die im Kontext von Finanz- und Wirtschaftskrisen brisanter denn je erscheinen. Wer schafft wem an und wie? Gibt es das Primat der Politik über die Wirtschaft oder sind die Interdependenzen von Wirtschaft und Politik in einer hochentwickelten Industrie- und Wissensgesellschaft so dicht, dass es kein Oben und Unten mehr geben kann, sondern nur mehr ein Miteinander? Ist dieses Miteinander dann im Sinne der Systemtheorie ein Nebeneinander? Wie kommunizieren die Systeme untereinander? Welchen Einfluss haben sie aufeinander?

Kühe aufblasen, damit sie mehr Milch geben

Niklas Luhmann war der Auffassung, dass die politische Steuerung anderer gesellschaftlicher Teilsysteme im Sinne der zielgenauen gesellschaftlichen Durchsetzung politisch formulierter Programme grundsätzlich unmöglich sei. Mit pointierter Spitzzüngigkeit verglich er beispielsweise wirtschaftspolitische Steuerungsbemühungen mit dem Regentanz der Hopi-Indianer. Im Ausbau des Wohlfahrtsstaates erkannte er den Versuch, Kühe aufzublasen, um mehr Milch zu bekommen. Dieser Steuerungspessimismus folgt aus der unterstellten Kommunikationsbarriere zwischen den gesellschaftlichen Teilsystemen, deren intern sinnhafte Kommunikation durch einen jeweils spezifischen Code ermöglicht und begrenzt wird. Dieser Code – z.B. Recht/Unrecht für das Rechtssystem, zahlen/nicht zahlen für die Wirtschaft, Macht haben/nicht haben für das politische System – ist für andere Teilsysteme nur bedingt verständlich und relevant.[19]

Oft wird in Diskussionen über den Steuerungsverlust der Politik geklagt. Mitunter werden dabei vergangene Zeiten verklärt, »in denen Politik wirklich noch etwas bewirken konnte«. Vielleicht war es damals tatsächlich anders. Wahrscheinlicher scheint mir, dass wir heute einen differenzierteren Blick darauf haben, was Politik in einer modernen Gesellschaft leisten kann und was nicht. Die Limitationen der Politik ergeben sich dabei nicht nur aus der selbstbezüglichen Geschlossenheit der Systeme, sondern auch aus der (politischen) Verfasstheit unserer Welt. Gerade mit Blick auf das Verhältnis Politik und Wirtschaft erscheint klar, dass die politische Einflussnahme vor allem insofern beschränkt ist, als dass mit *staatlichen Interventionen* nur bedingt etwas auszurichten ist in einer *globalisierten Wirtschaft*. Zugleich fehlen auf internationaler Ebene effektive politische Strukturen, Kompetenzen und Sanktionsmöglichkeiten. Dadurch entstehen zwangsläufig Koordinations- und Steuerungsprobleme.

Wir kommen also zurück auf folgendes Phänomen: Egal ob *zwiespältige Gesellschaft*, *mediale Verwertungslogik* oder die *systemische Verwobenheit des Politischen* – die Politik agiert auf einem Feld voller Ambivalenzen und Abhängigkeiten. Während noch vor einigen Jahrzehnten der Politik die Lösungskompetenz in sämtlichen Fragen des Lebens zugebilligt wurde, sehen und erleben wir heute, dass sie diese nicht (alleine) hat. Vielleicht war das ohnehin immer so; aber es war nie so stark im Bewusstsein der Öffentlichkeit wie heute.

Vom Ende der Gewissheit: Der Kapitän auf dem großen Dampfer ist tot

Alles ist im Fluss, nichts hat Bestand. Und auch die Politik kann mir nichts garantieren: Vor der Wahl verkündete sie das nahe Ziel der Vollbeschäftigung, nach der Wahl die Gründe für die steigende Arbeitslosigkeit. Gestern noch versprach sie keine neuen Steuern, heute schon präsentiert sie milliardenschwere Sparpakete. Es sind diese Botschaften vom Ende der Gewissheit, welche die Menschen verunsichern. Was braucht es, um sich in dieser komplexen Welt zurechtzufinden, um zu überleben? Wer kann mir dabei helfen? Die Politik scheint hier nur bedingt ein vertrauenswürdiger Rettungsanker zu sein. Es entsteht der Eindruck, dass jener, der sich auf sie verlässt, recht bald verlassen sein könnte.

Unser Unternehmen *promitto organisations- und politikberatung* konzipierte gemeinsam mit dem *Postgraduate Center der*

Universität Wien einen Zertifikatskurs »Systemisch Führen in Unternehmen und Institutionen mit öffentlichen Aufgaben«. Meine Geschäftsführungskollegin Barbara Guwak schreibt im Folder zur Ausbildung: »Die Führungsmetapher des Kapitäns auf dem großen Dampfer hat ausgedient. Die Aufgabe, die sich heute für Führungskräfte stellt, ist, Menschen von einem Flussufer zum anderen zu bringen, dafür stehen wackelige Boote und ein paar solide Schiffe zur Verfügung. Einige Ideen braucht es noch, um mit vorhandenen Mitteln schwimmbare Untersätze zu schaffen. Systemisch führen heißt Wege finden. Und ist damit die Antwort auf die Herausforderung der kommenden Jahre.«

Jawohl, wer am reißenden Fluss der Zeit steht und auf die wackeligen Boote starrt, den mag schon die Sehnsucht nach dem großen Kapitän überkommen; nach dem starken Mann, der das Steuer ruhig in der Hand hält, egal welches Wetter und welcher Wind gerade angesagt sind. Wir kennen alle das Klagelied, wonach uns die wirklichen *Politiker mit Format*, die großen Staatsmänner, abhanden gekommen sind. Vielleicht ist da was dran – wir widmen uns im nächsten Kapitel nochmals dieser Frage. Wohl ist es auch die Logik unserer Zeit, dass es diesen großen, starken Mann nicht mehr gibt. Wir beobachten ihn beispielsweise noch in Nordkorea oder in Burma. Doch sehnen wir uns hier nicht nach Nachahmung. Für unsere westlichen Demokratien bleibt der Befund, dass die Politik es nicht (mehr allein) im Griff hat.

Merkel und Faymann – täglich zu meinen Diensten!?

Diese Zuschreibung der Unzulänglichkeit der Politik wird zusätzlich von der fortschreitenden Individualisierung genährt. Eben weil *das große Gesamte* so komplex ist, wendet man sich der eigenen kleinen Welt zu. Das hat uns dahin geführt, dass wir von der Politik verlangen, dass sie ganz konkret und spürbar unsere persönlichen Probleme löst. Her mit dem Gratis-Kindergartenplatz – und wenn es diesen nicht gibt, dann ist die Politik gescheitert. Her mit dem Pflegeplatz für meine Großmutter, her mit dem Gratis-Studium für mein Kind, her mit der Invaliditätspension für meinen arbeitsmüden Gatten, her mit der bezahlten Bildungskarenz für mich, her mit der weltbesten Therapie für meine kranke Nichte – und bekomme ich das nicht, dann hat die Politik versagt. Deren Aufgabe ist nämlich, genau *meine* 50 Probleme zu lösen. Ist sie dazu nicht imstande, wer braucht dann noch *die Politik*? Mein Brot kaufe ich schließlich selbst beim Bäcker und die Autoreifen wechselt mir die Kfz-Werkstätte. Also, funktionieren soll sie, die Politik – für *mein* Leben. Die abnehmende Glaubwürdigkeit der Politik ist solchermaßen auch ein Echo auf den zunehmenden Egoismus (als Spielform des Individualismus) in unserer Gesellschaft.

Im Kontext der komplexen Welt wird Politik zunehmend zu einer Projektionsfläche der eigenen Unvollkommenheit. Ähnlich wie auf dem Fußballplatz der Schiedsrichter und – je nach Spielverlauf – der gegnerische oder der eigene Trainer in den Verriss kommt, muss auch die Politik herhalten. Wehe, wir sind mit dem linken Fuß aufgestanden oder haben gerade Zoff mit unserem Partner: Dann wird das Warten vor der roten Ampel zum Fluch auf die unfähige Verkehrspolitik der Stadt und die Warteliste bei der Anmeldung im Kindergarten zum Beleg für die völlige Inkompetenz des Bürgermeisters. Weil der Finanzminister das Pensionsantrittsalter anheben möchte, hat er keine Ahnung von irgendwas und die Kanzlerin fliegt ohnehin nur sinnlos in der Welt herum. Eine differenzierte Auseinandersetzung damit, was wir uns von der Politik erwarten und fairerweise erwarten können, erfolgt eher selten. Es regieren die Reflexe über den Verstand. Und der Reflex geht in die Richtung, dass die Frau Merkel oder der Herr Faymann in der Früh um sieben bei mir klingeln sollten, um die Liste meiner tagesaktuellen Probleme in Empfang zu nehmen, auf dass ich ihnen zu Mittag, nach Heilen meiner Schmerzen, anerkennend auf die Schulter klopfe: »Das hast du gut gemacht. Dafür werde ich dich wählen.«

Ich bin verwirrt – immer wieder

Doch da klopft keiner an, kein Kanzler, keine Ministerin. Was anklopft, sind die Reize, Widersprüchlichkeiten und Ansprüche eines modernen Lebens. Und dabei entsteht allzu oft das Gefühl von Ohnmacht, Ausgeliefert-Sein und *Deprivation* – im Sinne eines gefühlten Zustands der Entbehrung, eines Entzugs, eines Mangels oder einer Benachteiligung. Am Beispiel der Information wird es besonders greifbar. Noch nie sind auf den einzelnen Menschen so viele Reize eingeprasselt wie in unserer modernen Medien- und Wissensgesellschaft. Noch nie gab es so viel Information. Noch nie war damit auch das System Politik so transparent wie heute. Doch bringt uns diese Transparenz nicht die Erleichterung, sondern macht uns sehr zu schaffen. Wir müssen Information und Transparenz verarbeiten, um zu Wissen zu gelangen, um zu rationalisieren. Das ist ein mühevoller Weg. Es ist eben *alles sehr kompliziert*. Daher gestehe ich jedem zu, dass er in dieser unserer Welt gelegentlich verwirrt ist. Ich zumindest bin es – immer wieder: Die Zukunft ungewiss, die Gegenwart widersprüchlich. Keine Expertenmeinung, die nicht durch eine andere widerlegbar scheint. Kein Befund, der nicht mit einem Gegenbefund in Zweifel gezogen wird. Keine Statistik, die nicht irgendwer für seine Zwecke frisiert hat. Die Sehnsucht nach Klarheit und Eindeutigkeit, der Wunsch nach Erlösung kann sich da schon breit machen.

Daher ist auch die Suchspannung nach Vertrauen so hoch. Dieses fungiert als jene Komplexitätsreduktion, ohne die ich am

Morgen den Fuß gar nicht vor die Tür setzen könnte – unser »menschlicher Prozessor« würde das nicht packen, der »Arbeitsspeicher« wäre schon zu Mittag geschlagen voll und die »Verarbeitungsmodule« würden überhitzen. Vertrauen steht dabei in einem wirren Spannungsverhältnis zur Wissensexplosion. Wie kann ich vertrauen, wenn ich so viel (Widersprüchliches) weiß? Wissen führt mich in vielfache Befangenheiten.

Verschärft wird »das Ende der Gewissheit« durch den Verlust der Distanz. Die Politik wird brutal vor den Vorhang gezerrt oder tanzt sich selbst dorthin (vgl. S. 32 ff.). Sie wird damit auch ihrer Mystik beraubt. Wir erleben sie nicht mehr als etwas Absolutes, sondern als etwas zutiefst Relatives, ja etwas Fragwürdiges bis Zweifelhaftes.

Doch gibt es nur den Weg nach vorn – weder wollen wir in feudale Systeme der Informationsunterdrückung zurück noch können wir das Internet abdrehen. Auch die Medialisierung der Politik lässt sich nicht abschaffen. Die Informationsexplosion setzt sich munter fort und die Komplexität unseres Lebens gewinnt weiter an Dynamik. Da wir diesen Fortgang der Welt im Grundsätzlichen nicht ändern können, bleibt also lediglich die Frage, wie wir mit diesen Phänomenen umgehen.

An dieser Stelle ein letzter Exkurs in Sachen Komplexität und Glaubwürdigkeit – zum Thema *Emotionen und Politik*.

Politik mit Emotionen ist verwerflich?

Während *Aufklärung* und *Wissenschaft* der Komplexität unserer Welt mit Rationalisierung begegnen, beobachten wir – gerade auch in der Politik – die Renaissance der Emotion. Das kann man verdammen oder zur Kenntnis nehmen. Jedenfalls erscheint es logisch. Denn die Rationalisierung als prioritärer Weg der Daseinsbewältigung hat sich als Utopie erwiesen. »Alles, was im Gehirn keine Emotionen auslöst, ist für das

Gehirn wert-, sinn- und bedeutungslos«, diese Aussage von Hans-Georg Häusel notierte ich bei der Jahreskonferenz der European Association of Political Consultants im Mai 2010 in Wien. Politikberater unterschiedlichster Herkunft erörterten dabei zwei Tage »Emotions in Politics and Campaigning«. Hans-Georg Häusel, einer der international führenden Experten in der Übertragung von Erkenntnissen der Hirnforschung auf Fragen des Konsumentenverhaltens und des Marketings[20], meinte weiter: »Die Entscheidungen fallen im Unbewussten. Bevor wir irgendwas Bewusstes ins Hirn hineinbringen, haben Außenreize schon längst zu einer unbewussten Bewertung durch das limbische System geführt.« Daher gehe es – bei aller Sympathie für differenzierte Inhalte – auch in der Politik um das *emotionale Boosting*, um die emotionale Aufladung.

Gerade auch Glaubwürdigkeit wird wesentlich auf Emotionen aufgebaut und weniger auf der Grundlage von Rationalisierungen. Ohne Emotion keine Glaubwürdigkeit. Da hilft weder Klagen noch Moralisieren. Unerwünschten Emotionalisierungen lediglich mit Sachargumenten begegnen zu wollen, ist naiv. Es wäre – um die motivierte Schar der Aufklärer mit ihren eigenen Argumenten zu schlagen – eine Ignoranz gegenüber den Erkenntnissen der Hirnforschung und Wahrnehmungspsychologie. Emotionalisierung der Wähler, insbesondere die unbewusste, ist eine hohe Kunst, die Teil des politischen Handwerks ist. Die Klaviatur der Emotionalisierung den Rechts- und Linkspopulisten zu überlassen, scheint mir jedenfalls eine fragwürdige Haltung.

Das strukturell bedingte Mittelmaß

»Nur wer angepasst ist, kommt nach oben.« Das ist der Grundtenor des Buches »angepasst & ausgebrannt. Die Parteien in der Nachwuchsfalle.« Thomas Leif, Politikwissenschaftler und Chefreporter beim SWR in Mainz, brachte damit 2009 eine Bestandsaufnahme des politischen Betriebes in Deutschland auf den Markt.[21] Auf fast 500 Seiten erläutert er, »warum Deutschland der Stillstand droht«. Politik gelte heute als uncool und unsexy. Man erkenne nur geringste Spuren des Eros von Engagement, Aufbruch und Erneuerung. Die Vorherrschaft von parteiinterner Ochsentour, von Geheimbünden meist alter Männer, programmatischem Leerlauf und sklerotischer Lernunfähigkeit im politischen Betrieb sei alarmierend. Leif trifft mit seinem Befund die Gefühlslage des Volkes und er liefert auch zahlreiche Belege für die drohende Verheerung in der politischen Landschaft. Sein Buch ist gleichzeitig ein brennender Appell für mehr gesellschaftspolitische Einmischung von unten wie auch Wasser auf die Mühlen all jener, die undifferenziertes Politik-Bashing betreiben.

Politiker-Bashing als Volkssport Nr. 1

Ich spüre in mir auch immer wieder den Impuls »draufzuhauen«. Ja, die Mittelmäßigkeit des politischen Personals ist oft beklemmend. In der Politik tummeln sich viele rückgratlose Charaktere mit hohen Karriereerwartungen bei niedriger Risikobereitschaft. Ich ärgere mich oft, wie viel Platz auf der Bühne und »an der Sonne« so manch mediokre Figur einnimmt. Da bin ich in diesem Moment bereit zum Urteil: »Alles Nichtskönner. Inzestuöses Gaunerpack. Jämmerliche Opportunisten.« Im nächsten Moment beschleicht mich die intellektuelle Bändigung und ich frage mich dann, wie viel der gespürten Emotion *mir* gehört und wie viel dem Objekt meines Unmuts. Dann fällt das Urteil in der Regel schon etwas milder aus. Es scheint so zu sein bei uns Menschen: Je schlechter wir selbst drauf sind, desto kräftiger unsere pauschalen Schuldsprüche. Je zufriedener wir durchs Leben gehen, desto differenzierter und toleranter unsere Urteile.

Tatsächlich habe ich selbst schon öfter über Politiker geschimpft, die ich später als Coaching- oder Beratungskunden kennen und schätzen gelernt habe – als Personen mit Stärken und Schwächen, mit seltsamen Macken und liebenswürdigen Zügen. In den zehn Jahren Politikberatung und -begleitung, auf die ich zurückblicke, habe ich bisher zwei Politiker beziehungsweise Aufträge explizit abgelehnt, weil ich deren Inhalte oder Politikstil grundsätzlich nicht unterstützen wollte. Wesentlich mehr Politiker und politische Kräfte habe ich in dieser Zeit als respektable Persönlichkeiten und als – für das gesellschaftliche Gesamtgefüge – wertvolle Institutionen schätzen gelernt. Insofern möchte ich auch hier einen hochgradig dialektischen Standpunkt vertreten: Es geht darum, die Gegensätze und Widersprüchlichkeiten in den Dingen und im System zu verstehen und anzunehmen, dann kann man ihnen auch mehr Wertschätzung entgegenbringen und in die konsequente Weiterentwicklung hin zum Besseren eintreten. Fehlt dieser differenzierte Blick, dann muss man wohl wirklich an unserer Politik (ver-)zweifeln.

Inhaltsleere und Machtträume

Zerpflücken wir in diesem Sinne einige Phänomene und beginnen beim Eingangsstatement: »Nur wer angepasst ist, kommt nach oben.« Ja, das stimmt. Und es ist zum Weinen, zu welcher Art von Verrenkung die Leute für ihren politischen Aufstieg bereit sind. Wer in die Beklemmung politischer Karriereplanung eintauchen will, dem empfehle ich das Porträt des Bundesvorsitzenden der Jungen Union (JU), Philipp Mißfelder, welches im Nachrichtenmagazin *Der Spiegel* erschienen ist. Der Berliner Büroleiter des Magazins, Dirk Kurbjuweit, charakterisiert den damals 29-jährigen Jungpolitiker als eine Persönlichkeit, die sich vor allem durch Konturenlosigkeit auszeichnet. Ich kenne Herrn Mißfelder nicht persönlich und war mir beim Lesen nicht immer sicher, ob jede Facette des Porträts fair ist – dieses journalistische Genre ist immer ein Grenzgang. Kurbjuweits Fazit: »Es gibt wohl keinen Politiker, der sich so schamlos zu seiner Inhaltsleere und seinen Machtträumen bekennt wie Philipp Mißfelder. Er ist Spezialist für Kommunikation, für nichts anderes.« Sein Befund für das System insgesamt: »Inhalte sind seiner Ansicht nach für hinterbänklerische Spezialisten, für Beamte. Diese Arbeitsteilung gibt es schon länger, in Mißfelder findet sie ihre Zuspitzung. Die Leere des Menschen könnte bald zu einer Voraussetzung für den Erfolg in der Politik werden. Wer viel weiß, neigt zu Überzeugungen, zu Festlegungen, zu Worten mit Anspruch auf Gültigkeit. (...) Nicht alle in dieser Welt sind wie Philipp Mißfelder. Aber in allen steckt etwas von ihm.«[22]

Ein vernichtendes Zeugnis für eine politische Nachwuchshoffnung. Doch wer sagt, dass es woanders anders ist? Ich war vor einiger Zeit bei einem weltweit tätigen Konzern für einen Moderationsauftrag gebucht. Schon beim Erstgespräch koppelte die Freundlichkeit mit einer Art von taktischer Verbremstheit, die mich sehr an meine Erlebnisse in politischen Kontexten erinnerte. Alle waren bemüht, sich Hintertürchen offen zu halten. Keiner wollte in die volle Verantwortung gehen. Jeder war bedacht, für *seinen Teil* möglichst gut auszusteigen. Die gemeinsame Sache stand jedenfalls weniger im Vordergrund als das Bemühen, seinem Bereichsleiter und dem (allmächtigen?) Vorstand möglichst alles recht zu machen. Letzterer war zwar in den Vorbereitungen nicht anwesend, aber alles Tun rankte sich um ihn. Was im Konzern »Vorstandsattention« heißt, findet sich in der Politik als »Minister- oder Kanzlerattention«. Natürlich hängt Mißfelders gelungener Abend davon ab, ob Frau Merkel ihn im Rahmen seiner Kollegenschaft freundlich und wertschätzend grüßt oder wortlos links liegen lässt. Genauso wie der Bereichsleiter bei Daimler oder Philips in eine kurzzeitige Depression verfällt oder in Hochform um Mitternacht den Ort des Geschehens verlässt, je nachdem ob ihm »sein Vorstand« beim Abendempfang auf die Schulter klopfte oder ihn mit verächtlicher Ignoranz schnitt. So sind wir Menschen nun mal. Und wer derlei Impulse nicht auch in sich selbst spürt, der spürt sich wohl insgesamt zu wenig.

Die Rekrutierungswege züchten Opportunismus

Opportunismus gibt es also allerorts, nicht nur in der Politik. Kritisch zu hinterfragen sind die Rekrutierungswege im politischen System aber dennoch: Der Beruf des Politikers ist einer ohne formale Bedingung – und das ist okay so. Jeder Staatsbürger kann für sich entscheiden, politisch tätig werden zu wollen. Er muss dann noch ins politische System »hineinfinden« beziehungsweise – falls er geholt wird – eine Eintrittskarte gelöst bekommen. Dies setzt keine Matura und kein Abitur, keine Meisterprüfung, kein Studium und nicht einmal einen erfolgreichen Schulabschluss voraus. Nikolaus Blome, Leiter des Berlin-Büros der *Bild,* zitiert in seinem Plädoyer für die Politiker den Darmstädter Wissenschaftler Michael Hartmann, Experte für Elitesoziologie, der Karrierewege in Spitzenpositionen in verschiedenen gesellschaftlichen Bereichen Deutschlands untersucht hat. Seine Erkenntnisse zeigen eindeutig, dass das gehobene Bürgertum in Elitepositionen in der Wirtschaft stark dazu tendiert, unter sich zu bleiben. In Politik und Wissenschaft findet sich eine wesentlich buntere Mischung mit Vertretern aus Mittelschicht und Arbeiterhaushalten.[23]

Politiker ist in unseren Breiten durchaus ein Aufsteiger-Beruf. Die Diskriminierung gemäß sozialem Hintergrund ist in der Politik geringer als in anderen Bereichen. Eine kurze Überprüfung unterstreicht diese These: Die Regierungsspitzen in Deutschland und Österreich beispielsweise entstammen beide der nicht-gehobenen Mittelschicht: Für Bundeskanzlerin Merkel war es als Pastorentochter aus dem Osten ein weiter Weg nach Berlin und auch der österreichische Bundeskanzler Werner Faymann drängt sich als Studienabbrecher prima vista nicht für eine Spitzenposition auf. Die Durchlässigkeit in das politische System hinein ist größer als landläufig unterstellt. Dies sei auch ins Stammbuch der Wirtschaft geschrieben, die allzu oft Empfehlungen für optimierte Führungskräfterekrutierung und -entwicklung an die Politik gibt, ihre eigenen Hausaufgaben bei der Nutzung der breit gestreuten Talente des Landes aber nur in geringem Maße erledigt. Freilich sind die Rekrutierungswege in Wirtschaft und Politik sehr, sehr unterschiedlich – so unterschiedlich wie die Systeme selbst. Wechselseitige Ratschläge sind daher oft eher gut gemeint als wirklich gut.

Wirtschaftskapitäne und ihre naiven Vorschläge

In der Regel sind es die Parteien, die den Politikernachwuchs rekrutieren. Die »Ausbildung« ist zumeist eine informelle – eigentlich eine Abfolge von Funktionen und Ämtern. Das erscheint mir logisch und angemessen. Für bizarr halte ich beispielsweise Forderungen nach zentralen Eignungstests für Politiker. Der von mir sonst sehr geschätzte Wirtschaftspsychologe und Unternehmer Othmar Hill, Gründer der Personal- und Managementberatung *HILL International*, empfiehlt beispielsweise in einem *Kurier*-Kommentar: »Politiker/innen sollten – wie es in der Wirtschaft zur Routine gehört – vor Ausbildungs- und Berufsantritt ein Assessment oder Audit zu ihrer Eignung durchlaufen. Dies besteht professionellerweise aus Interviews durch Expert/innen, aus einer Reihe von arbeitspsychologischen Eignungsverfahren und mindestens einem Hearing. (…) Ein derart installiertes Verfahren, getragen von einer neutralen staatlichen Organisation (etwa Rechnungshof) würde die politische Nachwuchsförderung unmittelbar und radikal verbessern.«[24]

Es ist meines Erachtens grotesk, im Kontext von Politikerauswahl von neutralen Stellen zu sprechen. Bei solchen Vorschlägen wie von Othmar Hill geht mir der Imperialismus marktwirtschaftlicher Methoden und Ansätze zu weit. In seiner Effizienz- und Effektivitätsfixierung verkennt er das Wesen der Demokratie und der Politik. In der Politik geht es um Macht. Wer das nicht als legitim akzeptiert und versteht, sollte meines Erachtens nochmals scharf nachdenken. Wenn man diese Erkenntnis allerdings verinnerlicht hat, dann sollte man im Kontext der Personalrekrutierung für politische Spitzenfunktionen nicht von »neutralen Stellen« sprechen; weil es diese nicht gibt. Um bei Hills Vorschlag zu bleiben – Rechnungshof: Der Präsident des österreichischen Rechnungshofes ist beispielsweise aktuell ein ehemaliger Abgeordneter der FPÖ. Wiewohl Josef Moser diesen Job in meiner Wahrnehmung sehr umsichtig und äquidistant wahrnimmt, würde ich ihm dennoch nicht die Personalauswahl für die Republik anvertrauen wollen. Die Versuchungen für ihn und seine Netzwerke wären dann wohl doch zu groß.

Ohne Parteien keine funktionierende Demokratie

In einer Demokratie ist das Volk der Souverän. Das Volk entscheidet über Rekrutierungen – zugegebenermaßen via Wahl von Parteien. Doch Parteien gehören nun mal zur repräsentativen Demokratie wie die Bäume zum Wald. Die Legitimation oder Notwendigkeit von Parteien in Frage zu stellen – und dies geschieht in oberflächlichen Politikdiskussionen zuhauf – halte ich für hochgradig naiv. Man kann natürlich alle Parteien abschaffen; aber wollen wir die Demokratie aufrecht erhalten, dann würden sich morgen wieder neue gründen müssen. Oder glaubt jemand, dass das afghanische Parlament deswegen so gut funktioniert, weil dort ein paar Dutzend Stammesfürsten völlig unkoordiniert herumwerken? Da bin ich schon eher bei Nikolaus Blome, der es recht pointiert auf den Punkt bringt: »Den Parteien ein undemokratisches, mafiaartiges Monopol auf die Nachwuchsbeschaffung vorzuhalten ist in etwa so plausibel, wie den deutschen Handwerksbetrieben anzulasten, sie hätten sich die Lehrlingsausbildung im dualen System unter den Nagel gerissen. (...) nichts unterscheidet die ›Ochsentour‹ eines Politikers qualitativ vom Karriereklettern eines Managers auf den verschiedenen Sprossen der firmeninternen Hierarchie. Deshalb bleibt es ein Rätsel, warum Menschen (...) ›Berufspolitiker‹ geschimpft werden, aber niemand von ›Berufsjuristen‹ oder ›Berufschirurgen‹ spricht.«[25]

17 Jahre anstellen und warten – eine Form der Negativauslese?

Sollen wir uns also bezüglich der politischen Personalbestellung mit dem Status quo abfinden und ihn für unproblematisch erklären? Nein, das nun auch wieder nicht. Sehen wir uns die aktuellen Muster genauer an: Mit durchschnittlich 27 Jahren beginnt eine Politikerkarriere in Deutschland gemäß einer Studie der Universität Bamberg. Sie ermittelte das Alter, in dem heutige Spitzenpolitiker in eine Partei eingetreten sind. Dabei zeigt sich, dass diese durchschnittlich fast sechs Jahre brauchten bis zur ersten ehrenamtlichen Parteifunktion. Mit 40 Jahren wurden sie Berufspolitiker. Wer es dann vom einfachen Abgeordnetenmandat zu Führungspositionen in Partei, Fraktion oder Regierung brachte, zählte bereits 46 Lenze.[26] Eine andere deutsche Studie ermittelt, dass Politiker im Durchschnitt 17 Jahre innerhalb der Partei ehrenamtlich aktiv sind, bevor sie von Politik leben können.[27] Das ist die vielkritisierte *Ochsentour* schwarz auf weiß: das Hinaufbuckeln, das unentgeltliche Plakatieren bei Wind und Regenwetter, das ewige – für Außenstehende oft schwer verständliche und entwürdigend anmutende – Anstellen und Warten, bis sich was ergibt. Die Ochsentour erklärt mitunter also auch die große Leidensfähigkeit von Politikern.

An diesem Punkt wird gleichzeitig klar, dass es sich in der Politik heute tendenziell um eine Art von Negativauslese handeln muss. Die Karrieremuster in der Wirtschaft haben sich stark gewandelt und laufen in kurzen Intervallen ab. Die Politik ist mit ihren langatmigen Karrierewegen übriggeblieben. Wenn die modernen Erwerbsbiografien von beruflichen Veränderungen und Karriereschritten im Drei-Jahres-Abstand sprechen, so stellt sich natürlich die Frage: Wer hat im Kontext des dynamischen Erwerbslebens heute noch Zeit und Bereitschaft, sich in eine 17-jährige Warteschleife zu begeben, bis er aus seiner politischen Aktivität eine Erwerbsgrundlage gebaut hat? Auf dem jahrelangen Weg durch verrauchte Hinterzimmer setzt sich wohl nicht Kompetenz, Charisma oder Vitalität durch. Übrig bleiben tendenziell nicht die Potenzialträger, sondern jene, die für sich keine adäquaten Karrierealternativen gefunden haben.

Jugendkult als Feigenblatt

Neben diesem regulären, anachronistisch anmutenden Karrierepfad der Ochsentour haben sich aufgrund des gesellschaftlichen Drucks auch andere (Schleich-)Wege in das politische System entwickelt. Zwei Ausformungen seien hier kurz besprochen: Der *Jung-Star* und der *Quereinsteiger*.

Zum Thema *Jung-Stars*: Während hohe Anpassungsfähigkeit, gute Netzwerke und unendliche Geduld gefragte Eigenschaften für eine politische Karriere sind, kann's freilich auch schnell gehen. Parallel zu den Netzwerken älterer Männer beziehungsweise von diesen gefördert, macht sich eine Art von Jugendwahn in der Politik breit. Dieser hat weniger mit den außerordentlichen Begabungen der jeweiligen Leute zu tun als mehr mit dem Wunsch des politischen Systems, sich gegen die Zuschreibung der inzestuösen Kaste »weltfremder Gestalten frei von jeglichem Eros« zu wehren. Politik soll hip sein, mitten im Leben stehen. Österreich zeigt es vor: So war der telegene Karl-Heinz Grasser bereits mit 25 Jahren Landeshauptmann-Stellvertreter unter Jörg Haider in Kärnten und wurde im Jahr 2000 von der FPÖ mit 31 Jahren in das Amt des österreichischen Finanzministers gehievt. Sein jugendlicher Charme fesselte die Medien und Wähler ebenso wie Bundeskanzler Wolfgang Schüssel, der ihn 2002 dann auf ein (parteiloses) ÖVP-Ticket als Finanzminister verlängerte. Nach seinem persönlichen Abgang wollte Wolfgang Schüssel den parteifreien Karl-Heinz Grasser im Januar 2007 sogar zum Vizekanzler und damit zum ÖVP-Frontmann machen, scheiterte aber an parteiinternem Widerstand (v.a. seitens seines Klubobmanns Andreas Khol und des Christ-Gewerkschafters und Vorsitzenden des Arbeitnehmer-Bundes Fritz Neugebauer).

Auch die SPÖ kann sich dem Charme der Jugend nicht entziehen: Sie machte Laura Rudas 2008 im Alter von 27 Jahren zur SPÖ-Bundesgeschäftsführerin. Nikolaus Pelinka wurde 2010, nachdem er zuvor als Pressesprecher der Unterrichtsministerin fungiert hatte, im Alter von 23 Jahren zum SPÖ-Fraktionsführer im ORF-Stiftungsrat und damit in eine medienpolitische Schlüsselfunktion in der Alpenrepublik berufen.

Gerade das Beispiel Grasser zeigt meines Erachtens klar, dass der Glanz der Jugend vieles überstrahlt, die Berufung in eine hochexponierte Spitzenposition aber offensichtlich auch eine charakterliche Überforderung einer noch unausgereiften Persönlichkeit darstellen kann. Seine notorischen Grenzgänge beschäftigen seit seinem politischen Ausscheiden sowohl Medien als auch Untersuchungsausschüsse und Gerichte. Wir kommen später nochmals auf ihn zu sprechen.

Die kurze Autofahrt ins Ministeramt

Zum Thema *Quereinsteiger* eine kleine Fallstudie: Man wird Quereinsteiger, indem man einen Anruf bekommt. Kürzlich traf ich im Rahmen einer Büroeinweihung Andrea Kdolsky. Sie war in der kurzlebigen Regierung unter Kanzler Alfred Gusenbauer knappe zwei Jahre österreichische Bundesministerin für Gesundheit, Familie und Jugend. Wiewohl sie langjährige Erfahrung in der Hochschulpolitik und in der Personalvertretung gesammelt hatte, galt sie im Januar 2007 als komplette Quereinsteigerin der neu angelobten Regierung. Wie ist sie's geworden, fragte ich sie. Das verhielt sich folgendermaßen: In der Nacht von 8. auf 9. Januar 2007 berieten die ÖVP-Spitzen unter hohem Zeitdruck die neue Ministerliste – sie sollte in der Früh präsentiert werden. Gesucht wurde dabei insbesondere nach Kandidatinnen. In diesem Kontext wurde von der scheidenden Bildungsministerin Elisabeth Gehrer der Name Andrea Kdolsky eingebracht. Sie war ihr im Rahmen der Diskussionen um die Universitätsreform positiv aufgefallen. Auch der Chef der Gewerkschaft öffentlicher Dienst, Fritz Neugebauer, konnte sich an die umtriebige Personalvertreterin erinnern. Zudem wusste der niederösterreichische Landeshauptmann Erwin Pröll mit dem Namen etwas anzufangen. Am Morgen stand fest, dass Frau Kdolsky Ministerin werden sollte.

Sie selbst saß um circa sieben Uhr früh im Auto auf dem Weg zu einem beruflichen Termin, als sie ein Anruf auf dem

Handy ereilte. Die unbekannte Nummer annehmend meldete sich am anderen Ende der gerade neu gekürte ÖVP-Chef Wilhelm Molterer mit der Ansage, sie zur Ministerin berufen zu wollen. Der Anruf ließ sich einigermaßen skurril an, sodass Frau Kdolsky nach eigenen Angaben eher darauf tippte, dass es sich um den »Ö3-Callboy« handelte. Dieser treibt im reichweitenstärksten Radiosender des Landes täglich sein Unwesen, indem er große und kleine Leute unter Vortäuschung falscher Identität in delikate Gespräche verwickelt, um diese zum Gaudium des Volkes dann im Laufe des Tages über den Äther zu schicken. Solchermaßen verunsichert beschloss Andrea Kdolsky, das Gespräch von ihrer Seite her abzukürzen und auf ein Telefonat zu einem späteren Zeitpunkt zu verweisen. Etwas aufgewühlt setzte sie ihre Fahrt fort, um ihren Ohren nicht zu trauen, als keine Stunde später in den 8.00-Uhr-Nachrichten die Verlautbarung erfolgte, dass eine komplette Quereinsteigerin mit dem Namen Dr. Andrea Kdolsky Gesundheitsministerin werden sollte. »Da musste ich erst mal an den Straßenrand fahren ...« – so die ehemalige Ministerin. Um neun Uhr wurde ihr Name dann von Bundeskanzler Gusenbauer präsentiert. Ihr vollständiges Portfolio – Gesundheit, Familie und Jugend – erfuhr sie vom Parteichef erst am Nachmittag. Am nächsten Tag gab es das erste ausführliche Gespräch mit Wolfgang Schüssel und seinem Nachfolger Wilhelm Molterer.

Vom Shooting-Star zur Sternschnuppe

Andrea Kdolsky wurde anfangs als politischer Shooting-Star hofiert. Sie hatte zuvor – ausgestattet mit einigen Studienabschlüssen, mehreren Sprachen und Auslandserfahrung – eine beachtliche Karriere als Managerin gemacht. Vor ihrem Umstieg in die Politik war sie medizinische Geschäftsführerin in der niederösterreichischen Landeskliniken-Holding. Die Medien und die Bürger liebten sie aber vor allem für ihre direkte, unbekümmerte Art. Das Outing der Gesundheitsministerin, dass sie ab und an auch eine Zigarette rauche und einen Schweinsbraten genieße, wurde als erfrischend ehrlich für eine Politikerin gewertet. Doch ihr Stern verglühte rasch. Die Gründe waren wohl mannigfaltig. In ihrer offenen Art überdribbelte sie sich mitunter selbst: mit den Bildern ihres Csárdás-Tanzes bei einer Charity-Veranstaltung wurde sie von Medien zur Spaßministerin gebrandmarkt, die Reform des österreichischen Gesundheitswesens ließ sich mit ihrem direkten Management-Ansatz nicht bewerkstelligen und die parteiinternen Gegner waren zahlreich. Die Ministerin kam von ihrem anfänglichen Höhepunkt immer mehr in die Defensive und war schlussendlich nach eigenen Angaben froh, dass es dann nach knapp zwei Jahren vorbei war: »Als ich mein Ausscheiden aus der Politik bekanntgab, fiel mir ein Stein vom Herzen.« Ihr Resümee ist das einer Verwechslung: »Ich bin keine Politikerin, ich bin eine Managerin. Es war ein Fehler, dass ich in die Politik gegangen bin beziehungsweise geholt wurde.« Heute baut die ehemalige Ministerin für ein weltweit tätiges Beratungsunternehmen die Health Care Unit für den österreichischen Markt auf, hat das Rauchen aufgegeben und überlegt sich, ob sie ihren wilden Ritt durch die Politik irgendwann einmal als Buch zu Papier bringen soll. Die Nachrede über sie im politischen System ist negativ durchsetzt; ihr Resümee über die Politik ebenfalls.

Dieser biografische Exkurs zeigt, was die Regel ist: Die Quereinsteiger-Stars werden zu Sternschnuppen. Kaum jemand, der sich halten kann. Mancher Stern verglüht schon, bevor er aufgeht – eindrucksvoll vorgezeigt von Prof. Paul Kirchhof. Der bekannte Verfassungs- und Steuerrechtler wurde 2005 von Angela Merkel ins Wahlkampfteam geholt und sollte ihre Wirtschafts- und Zukunftskompetenz unterstreichen. Doch seine Vorstellungen von Politik waren nicht kompatibel mit dem Wahlkampf einer Volkspartei, die zwar Profilierung sucht, aber gleichzeitig auch nicht zu stark anecken und abkanten will. Sein Ausflug in die Politik war also bald beendet und die Auseinandersetzungen um seine Person waren wohl mit ein Grund für das unerwartet schlechte Abschneiden der CDU/CSU bei der Bundestagswahl.

Die ambivalente Sehnsucht nach unverbrauchten Gesichtern

Das Phänomen Quereinsteiger zeigt einmal mehr die Komplexität des politischen Systems und die Ambivalenz der Bürger gegenüber der Politik. Selbst honorige Hochschulprofessoren mit beachtlicher Lebenserfahrung stellen sich die Politik wohl einfacher vor, als sie dann tatsächlich ist. Politik zu verstehen und vor allem zu machen, ist eine hochkomplexe Aufgabe. Wie für andere komplexe Agenden in unserer arbeitsteiligen Gesellschaft erscheint es also naheliegend, dafür Profis zu engagieren.

Tatsächlich ist es grotesk, dass wir uns gerade in der Politik nach unerfahrenen Quereinsteigern sehnen, obwohl wir in allen anderen Feldern des Lebens wenig Bedürfnis danach verspüren. Bei der Untersuchung durch den jungen, unerfahrenen Arzt beschleicht uns ein leichter Zweifel, ob er wohl schon alle jene Erfahrungen gesammelt hat, die er jetzt brauchen könnte. Kommt der Installateur zur Behebung des Wasserschadens und würde uns zu Beginn erläutern, dass er bis vor einigen Wochen ein äußerst erfolgreicher Bäcker war, würden wir ihn wieder wegschicken. Und jene Friseuse, die die Schere ansetzt und dabei von ihrer kürzlich beendeten Karriere als Reisebüro-Angestellte erzählt, würde Angstfantasien eines wilden Verschnittes unserer Haarpracht auslösen. Nur bei der Politik, da sind wir »großzügig«: Eine erfolgreiche Krankenanstalten-Managerin soll die Erlösung für das marode Gesundheitssystem bringen, eine erfolgreiche Richterin ist automatisch eine perfekte Justizministerin und ein anerkannter Steuerprofessor der ideale Finanzminister. Ich halte diese Naivität für mangelnde Demut vor der und fehlende Wertschätzung für die Komplexität des politischen Geschehens.

Das glatte Parkett der Politik als Rutschpartie

Doch es bleibt so: Die Bürger sehnen sich nach unverbrauchten Gesichtern; nach Politikern, die nicht nach Politik riechen, die noch nicht zu viel am Politischen angestreift sind. Endlich eine Frischzellenkur für das verkorkste System. Quereinsteiger sind Trumpf – zumindest bei Urnengängen. Dafür sind die Bürger schon mal bereit, ihr Wahlverhalten zu ändern. Die Parteiführungen geben der Sehnsucht der Massen nach – schließlich will man seine Stimmen maximieren. Der Quereinstieg verbreitet die Kunde: Wir sind auf der Höhe der Zeit, wir sind frisch und sexy, wir haben Managementqualitäten, wir sind offen und modern. Na ja, wer will das heute nicht sein, zumal in Wahlkampfzeiten. Nach den Wahlen kommen die Mühen der Ebene für die Quereinsteiger, die es auf ein Mandat oder eine Spitzenfunktion geschafft haben: Die Kader in den Parteien haben keine Sehnsucht nach solchen, die sie aus dem Nichts über Nacht überholen. Das muss wehtun. Daher blicken System-Insider teils mit Geringschätzung auf die Quereinsteiger – aus reinem Selbstschutz, aber auch mit einem Blick des nüchternen Realismus dafür, um welche »mission almost impossible« es sich bei einem Quereinstieg handelt.

Welten liegen zwischen 17 Jahre Hochdienen und einem Telefonat, das ins Amt führt. Und diese Welten müssen die Quereinsteiger dann erst kennenlernen. Das ist eine Mühsal – oft für beide Seiten: für jene, die in ihren Karriereambitionen überholt wurden und für jene, die quer hereinkommen. In der

Coaching-Begleitung von Quereinsteigern stelle ich immer wieder fest, dass manches kaum aufholbar ist. Welches Training oder Coaching kann die Erfahrungen ersetzen, die man über Jahrzehnte als Schulsprecher, als Studierendenpolitiker, als Funktionär in Vereinen und politischen Organisationen gesammelt hat? Welches Buch berichtet von der Erkenntnisdichte der schrittweisen Exponierung auf der politischen Karriereleiter? Keines – das Buch der Erfahrung schreibt bekanntlich jeder selbst. Und wenn es nicht geschrieben ist, dann fehlt es eben. Und das macht sich bemerkbar. Das politische Parkett ist ein glänzendes und ein glattes. Es wird für Quereinsteiger regelmäßig zur Rutschpartie.

Und trotzdem müssen Parteien offen sein

Bin ich daher gegen Quereinsteiger? Nein, ich verstehe, dass sie eine mögliche Antwort in einer Medien-Demokratie sind, die auf starke Emotionalisierung und Personalisierung setzt. Ich verstehe auch, dass die Parteien hin- und hergerissen sind zwischen der Zuschreibung »einer geschlossenen Macht-Anstalt, die sich laufend selbst reproduziert« und der bemühten Inszenierung als moderne, durchlässige Bewegung am Puls der Zeit. Gleichzeitig erscheint mir wichtig zu warnen: Sie Quereinsteiger, Sie werden's nicht leicht haben! Sie haben keine »Hausmacht« und es fehlen Ihnen womöglich wertvolle Systemkenntnisse, jedenfalls wichtige Erfahrungen und Netzwerke, um im Powerplay der Spitzenpolitik gut bestehen zu können. Sie sind solchermaßen ein hohes Risiko für alle Beteiligten – für das Land, für die Partei und für sich selbst.

Die Frage, wie viel Offenheit oder Geschlossenheit sich eine Partei verschreibt, erscheint mir jedenfalls im Kontext der Debatte um erhöhte Glaubwürdigkeit hoch relevant. Außer Zweifel steht für mich, dass sich Parteien permanent einer großen Integrationsleistung stellen müssen, um mittel- bis langfristig erfolgreich und als Massenparteien im Sinne moderner Volksparteien glaubwürdig zu sein. Innovation entsteht dabei weniger im Zentrum der Systeme, sondern an der Peripherie. Die Machtträger in den Parteien müss(t)en daher stets danach trachten, Innovation in das Zentrum zu holen. Dies wiederum ist eine permanente Störung der Machtverteilungen, die gerade so penibel organisiert wurden.

Wolfgang Schüssel und das Ende seiner Macht

Wolfgang Schüssel beispielsweise hatte sich nach seiner ersten Amtszeit als Bundeskanzler für die Erhaltung der penibel organisierten Machtverteilung – vermeintlich zu seinen Gunsten – und gegen die Integration der Peripherie entschieden. Es war dies ein wesentlicher Punkt, der ihn nach meiner Einschätzung bei der Wahl 2006 den Kanzlersessel und die Parteiführung kostete. Sein Triumph bei den Nationalratswahlen 2002 fußte vor allem darauf, dass er es geschafft hatte, nach jahrzehntelangen Selbstzerfleischungstendenzen mit wechselnden Obmannschaften innerhalb der ÖVP, die verschiedenen Bünde und Machtzentren innerhalb der Partei zu bündeln und auf sich zu fokussieren. Das gemeinsame Ziel, Nummer 1 zu werden, stand im Vordergrund. Mit einem Rekordgewinn von plus 15,4 Prozentpunkten feierte sich die ÖVP am Wahlabend des 24. November 2002 dann auch erstmals seit 1966 als stimmenstärkste Partei. Schüssel führte sein Projekt der *Wende*, das er zwei Jahre zuvor begonnen hatte, mit voller Kraft weiter – entlang der Ansätze *Never change a winning team* und *Stick with winning strategy*. Seine Gestaltungsambition resultierte in machtvollen, beachtlichen Umsetzungen (z.B. Neudefinition des öffentlichen Sektors, Privatisierungen, Pensionsreform, Entschädigung von ehemaligen Zwangsarbeitern und Arisierungsopfern). In der

Heftigkeit des Tuns machte sich aber bei ihm, seinen Stäben und in den Ministerkabinetten ein spürbarer Hochmut gegenüber »denen draußen« breit. Zur mangelnden Sensibilität für soziale Alltagsprobleme kam die Festlegung, sich sämtliche Irritationen personeller und inhaltlicher Art möglichst vom Leib zu halten. Man war sich selbst genug. Der Kreis der faktischen Machthaber wurde immer kleiner und bunkerte sich immer stärker ein – sie wussten schon, was und wer gut war und was zu tun sei. Das Volk entschied schlussendlich anders.

Marode Parteien als Ausdruck der Kraftlosigkeit

Das Grundgefühl, dass wir »bessere Politiker« brauchen, ist weit verbreitet in unserer Gesellschaft. Da stellt sich freilich die Frage, wie der »perfekte Politiker« aussieht? Und gibt es ihn überhaupt? Meiner Überzeugung nach: Nein. Es liegt im Wesen der Demokratie, dass es weder ein absolut gesetztes Bild des idealen Politikers gibt noch geben darf. Doch ohne Zweifel gibt es dennoch Optimierungsbedarf bei der politischen Personalbestellung.

Die größten Defizite im Kontext der personellen Ausstattung der Politik sehe ich in den Parteien selbst. Ihre Aufgabe ist eine schwierige, keine Frage. Mein Eindruck jedoch ist, dass die Parteien als tragende Säulen unserer Demokratie in den letzten Jahrzehnten nicht mit der gesellschaftlichen Entwicklung Schritt halten konnten. Sie haben lediglich auf einer Marketingebene die Zeichen der Zeit erkannt und sich teils moderne Fassaden verpasst. Dahinter verstecken sich vor allem auf Bundesebene – weniger in den lokalen Strukturen, die unmittelbarer vom echten Leben durchdrungen sind – teils marodierende Institutionen.

Die Parteien in Österreich und Deutschland sind hochgradig strukturkonservativ und ihre Führungskader haben, wegen der

Fixierung auf die schnelllebige Machtdynamik, wenig Fantasie und Entschlossenheit, moderne Organisationen zu bauen. Es gelingt ihnen nur ungenügend, ihre eigene Partei-Organisation zu erneuern. Dieses Versagen ist natürlich auch mit dem mangelhaften Leistungsoutput des politischen Systems gekoppelt: Wie soll jener ein ganzes Land führen, der sein eigenes Haus nicht gut bestellt? Politiker sind kraft Aufgabenprofil Geburtshelfer des Neuen. Aber wenn in ihren ureigensten vier Wänden, den Parteien, zu wenig Schub kommt, wie sollen sie die zeitgemäße Erneuerung unserer gesellschaftlichen Systeme – egal ob Bildung, Gesundheit, Pensions- oder Finanzsystem – voranbringen?

Um gegenzusteuern, sollten wir natürlich auch über Fragen des Wahlrechts, über moderne Formen der Partizipation und eine zeitgemäße Finanzierung der Parteien nachdenken. Österreich insbesondere hat großen Nachholbedarf in Fragen der Finanzierungstransparenz. Mittels überbordender staatlicher Parteienfinanzierung und intransparenter Spendengeschäfte kaufen sich die Parteien von der Anpassungsleistung an geänderte gesellschaftliche Bedingungen frei. Sie sind organisational nicht auf der Höhe der Zeit, weil sie sich's anders richten.

Der Politologe Hubert Sickinger kämpft seit über zwei Jahrzehnten für mehr Transparenz und Kontrolle in der österreichischen Parteienfinanzierung. Er rechnet in seinem 2009 erschienen Handbuch zur Politikfinanzierung in Österreich vor, dass diese zwischen 1980 und 2009 verglichen mit dem Bruttoinlandsprodukt und der Einkommensentwicklung überproportional gestiegen ist – um 569 Prozent im Bund und um 512 Prozent in den Ländern.[28] Nicht wesentlich weiterentwickelt hat sich die Frage der Kontrolle und Transparenz. Exemplarisch ist der Aufmacher der Tageszeitung *Die Presse* am 15. Mai 2010. Unter der Überschrift »Die gekaufte Republik« bringt sie die Problematik gut auf den Punkt: »Politik und Geld. Geheime

Nebenjobs von Abgeordneten, anonyme Spenden für Parteien, dubiose Aufträge von Lobbyisten: Die schwachen österreichischen Gesetze sind eine Einladung zur Korruption.« So ist es. Daher ist es notwendig, dass der Druck auf eine Erhöhung der Transparenz in den nächsten Jahren weiter steigt. Nach meiner Einschätzung führt an der zeitnahen Umsetzung internationaler Transparenzstandards für die Parteienfinanzierung kein Weg vorbei. Dies würde auch der Glaubwürdigkeit der Politik eindeutig helfen.

Wir sollten mehr über Parteien diskutieren – über Parteien als Orte lebendiger, zeitgemäßer Demokratie. Eine suboptimale Gestaltung der Parteien führt zu suboptimaler Personalbestellung für das politische System. Umgekehrt brächte eine proaktive Entwicklung der Parteien große Chance für einen Qualitätssprung in der Rekrutierung politischer Mandatsträger. Schaffen die Parteien allerdings ihre Erneuerung an Haupt und Gliedern nicht, werden wir mittelfristig darüber nachdenken müssen, der individuellen Person mehr Möglichkeiten der politischen Einfluss- und Risikonahme zu geben (z.B. Stärkung des Persönlichkeitswahlrechts). Überhaupt scheint es für das politische System nicht vitalisierend zu sein, wenn sich Politiker fast vollends hinter Parteien verstecken (können), wie dies aktuell der Fall ist.

In den bisherigen Kapiteln war ich bestrebt, systemische Facetten der Politik auszuleuchten. Politische Karrieren und das Phänomen der Glaubwürdigkeit finden freilich immer im *Spannungsfeld zwischen Persönlichkeit und System* statt. Bewusst habe ich *die systemische Betrachtung* vorangestellt, weil sie meines Erachtens in der landläufigen Diskussion und im Lamentieren über die politischen (Miss-)Verhältnisse stark unterbelichtet ist. Viel lieber reden wir über die Personen. Denn Politik wird für uns vor allem dann greifbar, wenn sie »als Person daherkommt«.

In der Tat ist auch *die personale Ebene* in Fragen der Glaubwürdigkeit von Politik von hoher Relevanz. Insofern freue ich mich, sie nun in den Fokus zu holen: Es folgt die Sezierung jener destruktiven Dynamiken, die auf personaler Ebene an der Glaubwürdigkeit des Politikers nagen.

Die Politiker unter Druck

Die narzisstischen Verführungen

«You are so relevant – a blog about music & politics.« Zwei junge Amerikaner aus Indiana und Kansas betreiben einen Blog mit dieser Überschrift. Mit ihrem Titel lösen sie erhellende Assoziationen aus. Musik und Politik, zwei große Sphären menschlicher Schaffenskraft – was haben sie gemeinsam? Beide sind heute dominiert vom Bühnengeschäft, von der großen Show. Und sie ziehen Menschen mit ähnlichen Persönlichkeitsstrukturen an. Es gibt wohl kaum Berufsstände, in denen so viele Narzissten unterwegs sind wie in der Politik und im Showgeschäft.

Als Narzissmus bezeichnet man eine Charaktereigenschaft, die sich durch eine Überschätzung der eigenen Bedeutung und einen ausgeprägten Wunsch nach Bewunderung auszeichnet. Verweilen wir noch kurz im Musik-Showgeschäft: Borwin Bandelow, Psychiater an der Universität Göttingen und Autor des Buchs »Celebrities« (Rowohlt 2006), meint: »Nur wer einen kleinen Sprung in der Schüssel hat, schafft es im Showbusiness überhaupt an die Spitze.« [29] Seine Analyse ist, dass die meisten Stars eben nicht labil werden, weil sie mit dem Druck nicht fertig werden oder es nicht mehr aushalten, im Rampenlicht zu stehen; vielmehr ist es umgekehrt: Gerade Superstars hätten oft von Anfang an einen Knacks, erst das treibe sie zu Höchstleistungen – und im Extremfall auch in den Abgrund. Die Parallelen zur Politik sind frappant.

Haben alle Politiker eine Persönlichkeitsstörung?

Die Wissenschaftler Johannes Steyrer und Heinz Stahl gehen in der Abhandlung »Die Inszenierung von Führung: Narzissmus und Charisma in der Politik« in ihrem Erklärungsmodell davon aus, »dass die bewusste/unbewusste Intention eines Politikers, zum Charismaträger avancieren zu wollen, auf narzisstische Grundkonflikte zurückzuführen ist. Die damit verbundene Demonstration von Grenzverhalten ist psychodynamisch als Kompensation von Selbstdefiziten zu charakterisieren.« [30]

Sind also sämtliche Politiker mit einer ordentlichen Persönlichkeitsstörung ausgestattet? Oder hat nicht jeder von uns narzisstische Anteile in sich? Wohnt das Bedürfnis nach Anerkennung und Bewunderung nicht in uns allen?

Wohl gibt es solche und andere. Unbestritten erscheint mir, dass eine politische Karriere oft als Projektionsfläche und Umsetzungsraum für narzisstische Bedürfnislagen dient. Polit-Stars wie Silvio Berlusconi sind wandelnde Belege dafür. Er liefert regelmäßig Beweise für seine ungebrochene Selbstverliebtheit. Zwei Zitat-Kostproben: »Was denken Sie, wie viele Frauen auf dieser Welt mit mir ins Bett gehen wollten, und ich weiß leider nichts davon?«[31] Im Januar 2007 outete er sich öffentlich als heimlicher Verehrer seiner Parteifreundin Mara Carfagna, eine Ex-Miss-Italien-Kandidatin: »Wenn ich nicht schon verheiratet wäre, würde ich sie sofort heiraten.« Seine Ehefrau Veronica fand das, wie man weiß, gar nicht lustig und reagierte schon 2007 mit einem offenen Brief in *La Repubblica*. Im Frühjahr 2009 kam es dann zum Bruch der Beziehung mit dem damals 72-jährigen Ministerpräsidenten, nachdem sich das Paar zuvor eine mediale Auseinandersetzung über »schamlose Luder im Dienst der Macht« (Zitat von Berlusconis Gattin Veronica Lario) geliefert hatte.

Freilich ist Silvio Berlusconi mit seinen egozentrischen Grenzgängen in »guter Gesellschaft«. Oliver Stone zeichnet in seinem Film »W« ein narzisstisches Bild von George W. Bush. Er deutet die Karriere des Präsidenten als den zwanghaften Drang nach Anerkennung und als Folge eines kapitalen, ungelösten Vater-Sohn-Konflikts.

Grandios und selbstzerstörerisch

Jedes Land hat offensichtlich seine Studienobjekte. Hans-Jürgen Wirth, Psychoanalytiker in Gießen, publizierte ein vielbeachtetes Buch über »Narzissmus und Macht«.[32] Er spricht diesbezüglich von den siamesischen Zwillingen und seziert in seinen Ausführungen unter anderem die Persönlichkeitsstrukturen von Uwe Barschel[33] und Helmut Kohl. In einem Interview mit der *Süddeutschen Zeitung* analysiert er im Kontext des Ablebens des deutschen FDP-Politikers Jürgen Möllemann[34] zur Selbstmord-These: »Ähnlich wie der ehemalige Kieler Ministerpräsident Uwe Barschel konnte er sich ein Leben ohne Macht nicht vorstellen, und das kam auf ihn zu.« Auf die Frage, worin sich beide Politikertypen ähnlich waren, sagt er: »Die Gemeinsamkeit liegt in der narzisstischen Grandiosität, in der Selbstüberschätzung, dem Größenwahn. Wichtig ist auch bei beiden das Selbstzerstörerische. Dass es Narzissten in der Politik gibt, ist klar; man braucht auch Ellenbogen, muss einstecken können. Aber das Selbstzerstörerische kennzeichnet den krankhaften Narzissmus, der sich gerade im Umgang mit Freunden, mit der Partei und der Karriere zeigt. Beide Männer brachten sich in eine Außenseiterposition, wurden erst bewundert, dann verachtet. In abgemilderter Form sehe ich das auch bei Helmut Kohl: In der Schlussphase, vor dem Machtverlust, hat auch er an der Zerstörung seines Selbst mitgewirkt. Gemeinsam ist allen drei Politikern, dass sie ihre depressive Seite nicht zulassen konnten.«[35]

Grandiosität, Depression und schließlich Selbstzerstörung

sind auch Stichworte, die auf den österreichischen Ausnahmepolitiker Jörg Haider passen. Den international beachteten und geächteten Führer der österreichischen Rechtspopulisten begleitet die bühnenhafte Inszenierung bis in den Tod – entlang dem Rockstar-Mythos »Live fast, die young«. [36]

Der kleine und der große Narziss

Politiker haben ununterbrochen mit Menschen zu tun und stehen dabei meist im Mittelpunkt. Die narzisstische Versuchung ist somit ihre stete Begleiterin; sie ist alltäglich und fast allgegenwärtig. Dies betrifft alle Ebenen der Politik. Wenngleich die hier genannten Beispiele bekannte Persönlichkeiten nationaler und internationaler Dimension benennen, gelten die beschriebenen Phänomene auch für die kommunale und regionale Politik. Viele von uns waren wohl schon Zeugen von Politikerauftritten, die uns wegen ihrer unfreiwilligen Tragikomik zum Schmunzeln oder Kopfschütteln brachten. Und in den täglichen Seitenblicken in TV und Printmedien finden sich zuhauf Persönlichkeiten aus der Politik, deren Selbstbezogenheit leicht als kompensatorisches Handeln aufgrund mangelnden Selbstwerts entlarvt werden kann.

Wobei ich abschließend festhalten möchte, dass der Wunsch nach Anerkennung ein zutiefst menschlicher und als solcher Ausdruck von Lebensliebe ist. Auch wohnt bestimmt *ein kleiner Narziss* in jedem von uns, dessen Verführungen wir gelegentlich widerstehen müssen. Hochgradiger Narzissmus jedoch verstellt den Blick für das Ganze. Essenziell ist die Fähigkeit, den Wunsch nach Anerkennung auch loslassen zu können. Krankhafte Narzissten können dies nicht. Eher sind sie bereit, sich selbst aufzugeben. Die Störung ist seitens der Psychologie definiert durch die Bereitschaft zur Selbstzerstörung. Der Mythos von *Narziss* berichtet von einem schönen Jüngling, der an einer Quelle sein Spiegelbild betrachtet. Es existieren verschiedene Versionen davon, was dabei passiert. In der bekanntesten Fassung von Ovid gerät Narziss dabei in eine Art Wahn: Er verliebt sich in sein Spiegelbild und versucht verzweifelt, es zu greifen und festzuhalten. Am Ende stirbt der schöne Jüngling an der Quelle – er konnte nicht loslassen.

Zweifelsohne entwickeln Narzissten oft ein beträchtliches Charisma und stellen ein Faszinosum dar. Die erwähnten Namen belegen dies. Bei manchen Wählerschichten genießen sie auch hohe Glaubwürdigkeit. In der Essenz fehlt narzisstischer Politik jedoch die Liebe zum Menschen und zum Lebendigen. Sie trägt die Zerstörung in sich. Sie ist damit für jene glaubwürdig, die selbst an das Destruktive glauben.

Die zahllosen Verlockungen

»Treue ist der Mangel an Gelegenheit«, das erklärte der große Chansonnier Udo Jürgens in flächendeckend gestreuten Intim-Beichten anlässlich der Bewerbung seines Albums »Es lebe das Laster« im Herbst 2002. Damals hielten das viele für eine chauvinistische Koketterie eines in die Jahre gekommenen Frauenhelden. Doch auch einige Zeit später, als er schon auf die 75 zuging und in Interviews outete, dass es zunehmend mehr um Kuscheln als um Sex gehe, blieb er bei dieser seiner larmoyanten These. »Je mehr Gelegenheiten man im Leben hat, desto weniger führen sie ins Glück.« Mit dieser Aussage wird er 2008 im *Focus*-Online bezüglich seines Liebeslebens zitiert.[37] Im *Bild*-Interview im selben Jahr wird er gefragt, ob Treue etwas für Langweiler sei. Udo Jürgens mit altersweiser Antwort: »Nein, für starke Menschen in den richtigen Umständen.«[38]

Und führe mich nicht in Versuchung ...

Ja, so ist das wohl mit dem menschlichen Wesen. Selbst wenn man seinen Narziss einigermaßen im Griff hat, warten immer noch zahllose andere Verlockungen. Um Udo Jürgens' Lebenserfahrung weiterzudenken: Man stelle sich einen schwachen Menschen in den falschen Umständen vor – da gibt es dann wohl kaum ein Entrinnen. Da *muss* man einfach zugreifen. Haiders »Buberlpartie« und deren Weggefährten können ein Lied davon singen. Als illustre Kommunikationstalente überstrahlten diese Repräsentanten der Partei der »Anständigen und Tüchtigen« (FPÖ) mit Sunnyboy-Charme all jene Abgründe, die sich nach ihrem Abgang aus der Politik zunehmend auftun. Abgeräumt wurde, wo sich eine Gelegenheit bot.

Besonders unverschämt im Abzocken war Walter Meischberger, ehemaliger FPÖ-Generalsekretär und Karl-Heinz Grassers Trauzeuge. Er trat wegen einer Steuerhinterziehung aus seinen politischen Ämtern zurück und rundete seinen Rücktritt mit einer neuen Steuerhinterziehung ab. Die Beweise dafür wurden bei den Erhebungen nach einer abermaligen Steuerhinterziehung gefunden. Gelernt hatte er diese Politik des selbstgefälligen Augenzwinkerns offensichtlich bei seinem politischen Ziehvater Jörg Haider. Der Journalist Herbert Lackner porträtiert in seiner Reportage »Ein Mythos und seine Scherben« in bedrückender Weise die Unverschämtheiten des Systems Haider im Lichte der laufenden Ermittlungen.[39]

Alles Gauner und Banditen!?

Zu Recht sind die Menschen in Österreich entrüstet über diese kaltschnäuzige Selbstbereicherung führender (Ex-)Politiker. »Die Politiker sind allesamt Verbrecher«, lese ich in einem Posting unter einem aktuellen Online-Pressebericht zur Causa

Grasser. Insbesondere jene, die sich als »Vertreter des kleinen Mannes« gerieren, schwingen die Keule besonders wuchtig. Keinesfalls halte ich das Verhalten von Karl-Heinz Grasser oder Walter Meischberger für korrekt oder entschuldbar, doch möchte ich einerseits die Politik aus dem Pauschalverdacht des Kriminellen herausnehmen und andererseits die Dimension der permanenten Versuchung klar machen.

»Gelegenheit macht Liebe, Gelegenheit macht Diebe.« Das weiß der Volksmund – und dies gilt nicht nur für Sänger und Politiker. Wäre dieser »kleine Mann von der Straße«, der am Sonntagabend leicht aufgewühlt in den Unterwäsche-Seiten des Otto-Katalogs blättert, mit jenen Angeboten konfrontiert, die Udo Jürgens hatte und jenseits der 75 immer noch hat, dann würde ich nicht für ihn garantieren wollen. Ebenso würde ich nicht die Hand ins Feuer legen, ob derselbe unbescholtene Bürger, wäre er Finanzminister, unter Nutzung seiner Kontakte im Rahmen eines Bankenverkaufs nicht schnell ein paar hunderttausend Euro mit einsacken wollte, wenn sich eine Möglichkeit dazu bietet. Schlussendlich entwendet der Großteil dieser »kleinen Männer« am Wochenende an sämtlichen Straßenkreuzungen in Österreich auch die dort in Hängespendern feilgebotenen Tageszeitungen ohne zu bezahlen, obwohl dafür Geld einzuwerfen wäre. Einmal umgedreht, ob niemand zuschaut, und dann geht's schon. Auch die Ergebnisse des *Global Corruption Barometer*, welche *Transparency International* im Dezember 2010 veröffentlichte, bestätigen den österreichischen Hang zum Kavaliersdelikt. Jeder zehnte Österreicher gab an, im letzten Jahr Schmiergeld bezahlt zu haben. Die deutschen Nachbarn zeigen sich hier zurückhaltender. In der Bundesrepublik bestätigten nur zwei Prozent der Befragten, Behörden oder Dienstleister geschmiert zu haben. Zur Ehrenrettung beziehungsweise Relativierung: In der Gesamtwertung teilen sich Deutschland und Österreich den Platz 15 unter 178 untersuchten Ländern und zählen somit zu den am wenigsten korrupten Ländern auf diesem Planeten.

Dennoch scheint die Überzeugung weit verbreitet, dass so ein kleiner »Mitnahmeeffekt« okay ist, insbesondere dann, wenn's keinem unmittelbar weh tut. Ähnliches wird Karl-Heinz Grasser gedacht haben, als er vom deutschen Bänker Tilo Berlin die Einladung für eine kurzfristige Beteiligung an der Kärntner »Landesbank« Hypo Alpe Adria erhielt. Über eine ausländische Treuhandfirma wurden in der Folge 500 000 Euro überwiesen, ein halbes Jahr später waren 750 000 daraus geworden. Illegal war das – soweit der aktuelle Stand der Ermittlungen – nicht. Doch war es moralisch in Ordnung? Jedenfalls war es eine »gute Gelegenheit«. Grasser weist natürlich jede Behauptung, er hätte mit dem Deal etwas zu tun gehabt, empört zurück. Zeichnungsberechtigt war nicht er, sondern ein anderes Familienmitglied.

In »guter« Gesellschaft

Ohne jetzt weiter auf Grasser oder »den kleinen Mann« draufzuhauen, aber um die Leitthese vom potenziellen Verhängnis der vielen Verlockungen zu untermauern: Es waren ja nicht nur Politiker, die hier die wunderbare Geldvermehrung spielten. Der besagte Tilo Berlin, der im Auftrag Haiders den Verkauf der Bank abwickelte, hatte 2006 einer Reihe von wohlhabenden österreichischen Familien und Industriellen dieses attraktive Beteiligungsangebot gemacht. Tatsächlich schien diese Einladung etlichen honorigen Familien des Landes als interessantes Investment, das keinerlei – z.B. moralische – Fragen offen ließ, gerade recht zu kommen. Als die BayernLB nach kaum einem Jahr die Anteile der Reichen und Schönen übernahm, waren für diese aus den eingesetzten 250 mehr als 400 Millionen geworden. Plus 60 Prozent innerhalb von wenigen Monaten – wer würde hier nicht von einer *perfekten Veranlagung* sprechen. Einen guten Riecher gehabt und alles völlig legal; so legal wie unsere nachverhandelte 1,25-Prozent Verzinsung auf dem Sparbuch.

Bislang haben wir hier – neben dem Liebesleben von Udo Jürgens – vor allem das Thema *Gier und Unmäßigkeit* besprochen. Die zahllosen Verlockungen warten freilich in allen Bereichen der sieben Todsünden. Neben der Gier sind das: Hochmut, Völlerei, Zorn, Neid, Wollust und Trägheit. Nicht jede davon will ich hier im Detail besprechen – der Fantasie des Lesers sei freier Lauf gelassen. Ein paar Anknüpfungspunkte und Beobachtungen dennoch: Natürlich ist es verlockend, bei einem fix dotierten Gehalt ohne klassische Arbeitszeit-Vorgabe der *Trägheit* nachzugeben; der spärliche Leistungsnachweis mancher Abgeordneter legt Zeugnis davon ab. Der Bauchumfang etlicher Funktionäre – Gewerkschafter scheinen hier besonders gefährdet zu sein – wiederum ressortiert in das Register *Völlerei*. Auch ist bekannt, dass so manche österreichischen Minister in den letzten Regierungen einen seltsam lauten Umgang mit ihren Mitarbeitern pflegten. Okay, wohl ist ein Minister als Chef exponierter als die durchschnittliche Führungskraft. Doch die Frage, ob ich dem *Zorn*-Ausbruch ungefiltert nachgebe oder nicht, stellt sich für beide gleichermaßen. Regelmäßige Schreianfälle werden jedenfalls die Glaubwürdigkeit einer Führungsleistung nicht erhöhen. Als Beispiel einer Verirrung in die Abwege des *Hochmuts* wiederum werte ich Wolfgang Schäubles groteske Vorführung seines Sprechers Michael Offer im Rahmen einer Pressekonferenz im November 2010, die fünf Tage danach zu dessen Kündigung führte.

Wir alle sind korrumpierbar

Ein früherer Studienkollege meldete sich vor einigen Monaten bei mir in Reaktion auf ein Interview in der Online-Tageszeitung *derStandard.at.*[40] Ich machte dort einen wilden Überflug über die politische Großwetterlage in Österreich, war mir anschließend selbst nicht mehr sicher, ob ich jetzt nicht der Verlockung der Übertreibung anheimgefallen war, und erläuterte, warum Politiker Fakten ignorieren und warum Wähler gerne belogen werden. Er meinte in seiner E-Mail: »Congrats … endlich nennt jemand die Dinge beim Namen. Nach elf Jahren im Ausland und nun mittlerweile zwei wieder zurück in Österreich gelüstet es uns doch an den übleren Tagen manchmal, wieder fortzugehen. Auch bei der Erkenntnis, dass es an den wenigsten Orten besser ist, doch man fühlt sich dort auch nicht dermaßen verantwortlich und identifiziert sich selbstverständlich auch weniger mit Land und Politik, als dies in der Heimat der Fall ist. (…) Für uns war es interessant, dass wir von unseren gleichaltrigen lateinamerikanischen Freunden aus Peru, Argentinien, Brasilien und Mexiko erfahren haben, dass sie mit dem Wissen erzogen wurden, dass die allermeisten Politiker korrumpierbar sind.«

Ich hab mir die Zeilen für dieses Kapitel aufbewahrt, weil ich zweierlei dazu sagen wollte: 1) *tu felix austria* – und Deutschland darf ich gleich mit eingemeinden –, du Insel der Glückseligen. Seien wir froh, dass wir unsere Kinder nicht mit diesem expliziten Wissen über die Korrumpierbarkeit ausstatten müssen, wenngleich wir mitunter empört sind über die Politik. 2) Jawohl, Politiker sind korrumpierbar. So wie wir alle. Es ist eine Frage der Gelegenheit, eine Frage des Preises … und bleibt dennoch vor allem eine Frage der persönlichen Haltung und des Charakters.

So schließe ich dieses Kapitel mit der Erkenntnis, dass die Politik und die Politiker in ihrem dichten und exponierten

Berufsalltag permanent die Fallstricke der Verlockung von sich wegschieben müssen, sonst wird sich nicht nur ihre Integrität daran erhängen, sondern auch ihre Glaubwürdigkeit. Es geht darum, die guten und positiven Seiten unserer Persönlichkeit zu unterstützen und zu fördern, damit die negativen nicht überhand nehmen. Der Politiker-Beruf erfordert – will man ihn langfristig glaubwürdig anlegen und ohne grobe charakterliche Deformationen dann wieder ablegen – ein hohes Maß an Durchsetzungskraft und Handlungswillen, wie auch an Urteilsvermögen, selbstbewusster Grenzziehung und Demut. Klare Werte und eine gefestigte Moral helfen dabei. Ich werde darauf im Kapitel »Die persönlichen Quellen erschließen« ausführlich eingehen.

Die unermessliche Reizdichte

Im Charles-Darwin-Jahr 2009 – zu seinem 200. Geburtstag und zum 150. Jubiläum der Evolutionstheorie, die er durch sein Hauptwerk »Über die Entstehung der Arten« begründete – moderierte ich für die Karl-Popper-Foundation Klagenfurt eine Diskussionsveranstaltung zum Thema »Darwin und die Folgen. Evolution und soziales Verhalten«. Dabei referierte auch Isabella Scheiber, eine Wissenschaftlerin an der Konrad Lorenz Forschungsstelle für Ethologie in Grünau im Almtal/Oberösterreich. Sie erforscht dort schwerpunktmäßig das Sozialverhalten von Vögeln, insbesondere von Graugänsen. Im Mittelpunkt steht dabei unter anderem die Frage, welche Parallelen wir im sozialen Verhalten von Tieren und Menschen beobachten beziehungsweise ziehen können.

Frau Scheiber wusste für mich Erstaunliches zu berichten: Steht eine Gans frei im Gelände und eine Gänsegruppe geht vorbei, so bleibt diese Gans nach außen unbeeindruckt. Sie verändert ihr Verhalten nicht, sie beobachtet nur. Allerdings: Die Frequenz ihres Herzschlags geht signifikant nach oben. Die bloße Anwesenheit beziehungsweise Nähe ihrer Artgenossen setzt sie also unter Stress. Die Wissenschaft nennt dieses Phänomen *sozialen Stress*.

Vergleicht man den beschaulichen Alltag der Graugans im Almtal mit dem Alltag eines Spitzenpolitikers, so kann man sich vorstellen, welcher Stressbelastung letzterer ausgesetzt ist – an ihm geht keine Gänsegruppe vorbei, sondern er ist Tag für Tag mit einer schier unermesslichen Dichte von Reizen und Impulsen sowie einer unüberschaubaren Anzahl von direkten oder indirekten Kontakten konfrontiert. Der Mensch als Beziehungswesen lebt im Spannungsfeld zwischen sozialer Isolation und sozialer Überforderung. Der Beruf des Spitzenpolitikers ist merkwürdigerweise auf beiden Polen zu Hause: die *permanent drohende Überforderung* werden wir in diesem Kapitel beleuchten; die *potenzielle Isolation* im nächsten.

Jenseits der 150 beginnt die Unverbindlichkeit

Der britische Anthropologe Robin Dunbar untersuchte den Zusammenhang zwischen dem Gehirnaufbau von Säugetieren und der Gruppengröße, in denen diese Säuger jeweils leben. Er wurde einer breiten Öffentlichkeit bekannt durch eine Zahl, die bald zur *Dunbar-Zahl* wurde, nämlich die 150. Der Wissenschaftler schätzt die maximale Anzahl von Personen, mit denen jemand eine Beziehung mit relativ umfassendem Wissen unterhalten kann, auf 150. Die maximale Tiefe der sozialen Einbindung und Vernetzung wird also letztlich von der Kapazität des menschlichen Gehirns begrenzt. Dies illustriert auch jener Spitzenpolitiker, der mir erzählte, dass er nach intensiven Wahlkampftagen immer lange, sehr lange, unter der Dusche stehe. Tausend Mal berührt, Hunderte (vermeintlich) persönliche Gespräche, ein Dutzend Bühnenauftritte, etliche Interviews mit Medien und dazwischen die eigene Partei im Zaum halten sowie nebenher die Regierungsgeschäfte bewerkstelligen: Der solchermaßen »Angegriffene« versucht nachvollziehbarerweise, diese Überforderung vom Leib zu spülen und nach einem langen Tag seinen Kopf zu kühlen, damit er nicht »überhitzt«.

Man kann sich also gut vorstellen: Der Berufsalltag eines Politikers ist – auch abseits der besonders heftigen Wahlkampfzeiten – eine gewaltige, permanente Integrationsleistung. Der Politiker muss seine Verknüpfungen zu den Menschen, die ihm zuhauf begegnen, stets bewerten, emotional gewichten und zusammen mit den relevantesten Informationen in seinem Gehirn speichern. Dabei gilt für jeden von uns: Je wichtiger die emotionale Bewertung der Beziehung, desto mehr Informationen werden über die andere Person gesammelt und gespeichert. Für den Politiker gilt insbesondere: Ziemlich viele von jenen, denen er begegnet, halten sich für wichtig; einige sind es auch (für ihn); und so manche von denen könnten es noch werden. Besser also einen zu viel speichern als einen zu wenig.

Haben wir uns nicht schon mal gesehen ...?

Vor einigen Wochen saß ich bei einer Buchpräsentation meines Berater-Kollegen Thomas Hofer. Der renommierte Politik-Consultant präsentierte sein neuestes Werk »Die Tricks der Politiker« im Rahmen einer Podiumsdiskussion mit der Journalistin Anneliese Rohrer und Stanley Greenberg, einem weltweit geschätzten Wahlkampf-Strategen (er hat für Bill Clinton, Al Gore und Tony Blair ebenso Strategien geschmiedet wie für Gerhard Schröder, Alfred Gusenbauer und den Wiener Bürgermeister Michael Häupl). Ich kam etwas zu spät, ergatterte zu meiner Freude aber noch einen attraktiven Restplatz. Von der erwartungsvollen Stimmung freudvoll beschwingt meinte ich zu meinem Sitznachbarn: »Hey, wir kennen uns. Wo haben wir uns schon mal getroffen?« Der junge Herr parierte meinen freundlichen Überfall professionell und meinte ebenfalls freundlich, dass er mich jetzt auch nicht genau zuordnen könne. Aber wohl hätten wir uns schon mal gesehen. Nochmals scharf nachgedacht, folgte die Erklärung für unsere »Bekanntschaft«: Mein Nachbar ist Sendungsmoderator für den österreichischen Privat-Sender ATV. Insofern einigten wir uns sodann, dass er schon des Öfteren bei mir zu Hause im Wohnzimmer war …

So geht es Politikern wohl permanent. Sie wohnen quasi bei uns im Wohnzimmer – und wir würden gerne ihres sehen. Zu den Kontakt- und Reizüberflutungen gesellt sich für den Politiker der Verlust der Distanz. Dies wird von den Politikern und deren Teams freilich gefördert: Das penibel geplante »Bad in der Menge« soll möglichst viele Menschen erwischen und dabei spontan sowie authentisch wirken. Der präzise getaktete Gang durch die Fußgängerzone soll sich als zufälliger Besuch erweisen und die Story über die sonntägliche Gartenarbeit des Ministers wird bewusst im auflagenstärksten Medium des Landes platziert. Doch will ich keine Vorhaltungen machen – die Inszenierung von Nähe ist für die Politik gleichsam alternativenlos. Wie im Kapitel »Die mediale Verwertungslogik« porträtiert, hat die Medialisierung zu einer starken Personalisierung der Politik geführt. Wir wollen »Politiker zum Angreifen« und nach Möglichkeit in die Menschen hineinsehen. Mit weniger geben wir uns nicht zufrieden. Die Inszenierung des Intimen ist ein Merkmal unserer Zeit und bedeutet für Politiker, dass nichts so interessant ist wie ihr Wohnzimmer, ihr Garten, »ihre Unterwäsche«.

Die Einladung ins Schlafzimmer

In Deutschland und Österreich galt über viele Jahrzehnte das ungeschriebene journalistische Gesetz, dass die engste Intimsphäre der Politiker respektiert wird. Beispielsweise wurde über die homoerotischen Neigungen des mittlerweile verstorbenen Kärntner Landeshauptmanns Jörg Haider – wiewohl sämtlichen Journalisten des Landes im Detail bekannt – in österreichischen Medien erst zu einem Zeitpunkt und nur in vereinzelten Randnotizen berichtet, als in deutschen Medien punktuell Darlegungen darüber erschienen. Die Berichte verschwanden auch wieder und kochten erst nach seinem Tod in voller Breite auf.

In den letzten Jahren lässt sich allerdings beobachten, dass der Respekt der Medien vor der Privat- und Intimsphäre der Politiker Auflösungserscheinungen zeigt: Einerseits bedingt der harte Wettbewerb des Boulevard und der Society-Berichterstattung immer wieder Grenzgänge als Tribut an die Quote – die Menschen wollen Intimes lesen, hören und sehen. Andererseits suchen auch Politiker die Aufmerksamkeit und gewähren schon mal gerne einen Blick in ihr Wohnzimmer. Bei diesen Home-Stories kommen wiederum zwei weitere ungeschriebene Gesetze zur Wirkung: Wer die Medien in sein Wohnzimmer lässt, riskiert, dass sie einen Blick in sein Schlafzimmer werfen. Und wer ihnen in guten Zeiten seinen Garten öffnet, der wird sie auch in schlechten Zeiten dort finden. Er hat die Eintrittsbarriere selbst gesenkt und diesen Bereich der Intimsphäre – in den Augen der Journalisten – für die Öffentlichkeit freigeschalten.

Die *Süddeutsche* resümiert zum Thema Schutz der Privatsphäre am Fallbeispiel Gerhard Schröder: »Es ist nicht zuletzt deshalb anders geworden, weil deutsche Politiker, Schröder zumal, ihr Privatleben sehr bewusst öffentlich gemacht haben. Sie haben, anders als ein Mitterrand, mit ihrem Privatleben für ihre Politik geworben. Das hat Schröder als Ministerpräsident mit seiner damaligen Ehefrau Hiltrud gemacht, das machte er als Bundeskanzlerkandidat und als Bundeskanzler mit seiner Ehefrau Doris. Das heißt: Er politisierte seine Ehe. Das machte ihn rechtlich nicht schutzlos. Aber es machte ihn auf perfide Weise angreifbar – weil die Schlüssellochgucker so tun konnten, als sei ihr Voyeurismus ein Bestandteil der notwendigen Politikbeobachtung und daher von der Pressefreiheit geschützt.« Und zur – meines Erachtens nachvollziehbaren – Logik der Journalisten: »Wenn echtes oder angebliches Ehe- und Familienglück von Schröder, von Seehofer oder sonst wem offensiv zur politischen Sympathiewerbung eingesetzt, ja als Ausdruck einer grundsätzlichen Lebenshaltung dargestellt wird, auf der seine Politik fußt – dann darf sich dieser Politiker nicht wundern, wenn er über sich private und intime Nachrichten lesen muss, die seiner echten oder angeblich grundsätzlichen Lebenshaltung widersprechen.«[41]

Horst Seehofer auf Hochzeitsreise mit Vizekanzler Pröll

Die Öffnung des Privatlebens für PR-Zwecke hat also zur Folge, dass die Öffentlichkeit und die Boulevard-Journalisten als ihre (vermeintlichen) Handlanger ständig neue Mitteilungen einfordern. Es hat sich so eine Art von *politischem Paparazzismus* entwickelt. Wenn also Politiker ihre privaten Sphären zu politischen Zwecken in Szene setzen, wird ihnen diese Inszenierung alsbald aus den Händen genommen. Was zur Steigerung der Authentizität gedacht war, wird hier mittelfristig meist zur Bürde für die persönliche Glaubwürdigkeit. Daher erscheint es klug, den Anfängen zu wehren.

Josef Pröll, aktuell österreichischer Vizekanzler, vertritt diesbezüglich eine konsequente Linie. In einem *Kurier*-Interview über »Die privaten Seiten des Josef Pröll« meint er auf die Frage

»Sie sprechen nie über Ihre Kinder. Warum?«: »Wir haben das von Anfang an für uns definiert. Wir wollen, dass unsere Kinder ganz normal aufwachsen, wir halten sie komplett aus der Politik heraus. Mediale Präsenz, das Zerren der Kinder vor den Vorhang nur für ein paar Bilder in der Zeitung, fügt ihnen nur Schaden zu, des brauch' ma ned!«[42]

Wenngleich der Vizekanzler und ÖVP-Obmann also die private Front einigermaßen gedeckt hat, kann er sich anderen Druckpunkten des Politikbetriebs nicht entziehen. *Erfolg ist zeithungrig*, diesem Quasi-Naturgesetz muss er sich beugen. Sein Resümee: »Die Arbeitsherausforderung ist enorm, eine Belastungsprobe für die Familie. Zum Beispiel war ich während der Euro-Krise im Mai fast jeden Sonntag bei irgendwelchen Sondertreffen der Finanzminister in Brüssel. Natürlich fordert das die Familie, aber es ist bewältigbar. Vorausgesetzt, man hat in der Partei das beste Team und engagierte Freunde in der Ministerriege. Alleine schafft man das nicht.«

Politik ist ein 24/7-Job: Du bist Bürgermeister, Minister oder Parteichef rund um die Uhr und an jedem Wochentag. Dieser Beruf lässt sich weder am Abend noch am Wochenende abstreifen. Folglich macht die Herausforderung des Managements der unendlich vielen Beziehungen, Begegnungen, Termine und Informationen auch nicht vor den privaten Zeitfenstern halt. Vizekanzler Pröll in besagtem Interview auf die Frage, ob es in seiner Ehe schon Krisen gegeben habe: »Krisen hatten wir noch keine. Diskussionen aber die ganze Zeit.« Hauptthema sei dabei stets der Zeitanspruch, den er nicht erfüllen könne.

Das lässt sich nachvollziehen. Zur Illustration eine kleine Fallstudie: Ende November 2009 flog Josef Pröll mit seiner Frau Gabi nach Mauritius, um dort ihren 20. Hochzeitstag zu feiern. Zehn Tage gönnte sich das Ehepaar, das sich als 20-jährige Studierende kennen und lieben gelernt hatte. Damals gingen sich für den Niederösterreicher und die Tirolerin keine

Flitterwochen aus. Zum Jubiläum holten sie jetzt den Honeymoon stilgerecht nach. Die verspätete Hochzeitsreise beschäftigte tagelang die Medien des Landes, insbesondere weil der Vizekanzler dadurch – ein willkommener Nebeneffekt? – die groß inszenierte programmatische Rede »seines« Regierungschefs Werner Faymann in der Hofburg verpasste. Sollte er sich darüber gefreut haben, war diese Freude recht bald getrübt. Mit Sicherheit gab es an der Poolbar des Hotels *Dinarobin* so einige Gespräche über »zeitliche Ansprüche« zwischen Frau Gabi und Herrn Josef, denn letzterer war als Finanzminister nicht ganz unbeschwert.

Als virtuelle Urlaubsbegleitung stellten sich nämlich Bayerns Ministerpräsident Horst Seehofer und dessen Finanzminister Georg Fahrenschon ein. Der bevorstehende Untergang der Hypo Group Alpe Adria bedrohte die vom Freistaat gestützte BayernLB. Kaum drei Tage nach seiner Rückkehr saß Pröll bereits in einem 17-stündigen Poker mit den Bayern und verkündete nach durchverhandelter Nacht noch vor Aufsperren der Filialen die Not-Verstaatlichung der Bank inklusive einer Kapitalspritze von 1,5 Milliarden Euro. Das beschwingt-fröhliche Ankommen nach einem liebreizenden Urlaub im Indischen Ozean sieht wohl anders aus …

Reizüberflutung resultiert in Oberflächlichkeit

Die überquellenden Termine, Menschen und Informationen bedingen auch, dass in der Politik kaum Raum und Zeit für inhaltliche Vertiefungen vorhanden sind. »Worauf ich mich am meisten freue ist, dass ich mich zukünftig wieder in die Themen hineinarbeiten kann. Nicht dieser permanente Wechsel und der ungeheure Zeitdruck.« Das sagte mir unlängst eine Bekannte, die aus dem persönlichen Referententeam einer Ministerin in eine andere Position im Ministerium gewechselt hatte. So wie den Mitarbeitern wird es wohl auch den Regierungsmitgliedern selbst gehen.

Diese von den Umständen erzwungene Oberflächlichkeit kombiniert mit dem stets zeitkritischen medialen Verwertungsdruck mag dann auch den einen oder anderen »Hakenschlag« bei Entscheidungen erklären. Manches Thema sieht heute anders aus als morgen; vor allem, wenn es im schnellen Vorbeigehen bewertet und entschieden werden muss. Im Zweifelsfall ist dabei die Meinungsumfrage dann doch eine relevante Entscheidungshilfe. Beliebigkeit in der Positionierung, Medien-Devotion und Populismus-Kalkül lassen sich so auch ein Stück weit durch Zeitmangel und sozialen Stress erklären.

Doch will ich mit all diesen Bildern der (Über-)Forderung nicht um Mitleid für die Damen und Herren Politiker werben. Das wäre unangemessen. Ihre Funktionen und Ämter sind allesamt selbst gewählte Schicksale. Und solche sind stets mit Würde zu (er-)tragen. Natürlich sind die Ansprüche, die von außen auf sie einprasseln, gewaltig und großer Zahl. Doch oft ist wohl der Selbstanspruch bei vielen Politikern das größte Druckmoment. Die meisten sind nämlich davon überzeugt, dass sie auf möglichst vielen Hochzeiten tanzen sollten. Der latente Zwang zur Omnipräsenz ist zwar Teil der politischen Kultur und ein Echo narzisstischer Ambition, lässt sich jedoch bei genauerer Betrachtung nicht als objektiver Sachzwang aufrecht erhalten. Jedenfalls ist er nicht die einzig mögliche Antwort auf die Ansprüche der Umwelt.

Hans Dampf in allen Gassen oder wirklich *da* sein

Oft wäre wohl weniger mehr: Ob ich von zwölf möglichen Abendveranstaltungen nur drei besuche oder vier, scheint mir nicht unbedingt erfolgsrelevant. Wahrscheinlich gilt dabei sogar »reduce to the max«: Besser, die Feuerwehrleute merken bei der

Rede des Bürgermeisters zur Einweihung ihres neuen Garagengebäudes, dass diesem bewusst ist, dass er vor Feuerwehrleuten spricht, als dass dieser am selben Abend auf vier verschiedenen Veranstaltungen immer dieselben Sprüche klopft und die Leute sich dabei nicht angesprochen fühlen. Vor- und Nachbereitung zu – mit Vitalität wahrgenommenen – Terminen erhöhen die Effizienz der politischen Positionierung und Kommunikation wahrscheinlich mehr als die blutleere Präsenz beziehungsweise die bloße Frequenz.

Dies gilt insbesondere auch für die Politiker in der zweiten Reihe. Mit viel Ehrgeiz touren sie unermüdlich durch ihre Welten. Während es die erste Riege besser schafft, sich durch ein Heer von Mitarbeitern abschirmen sowie Informationen und Personen selektieren zu lassen, verglühen »die Zweitligisten« ohne diese personellen und strukturellen Schutzschilder. Die Dichte der Reizüberflutung setzt ihnen ordentlich zu – man erkennt diese abgekämpften Kandidaten dann wahlweise an ihren leeren, kurvenden Blicken bei Buffets oder an ihrem übersteuerten Zynismus. Beides keine Ausdrucksformen hoher Glaubwürdigkeit und keine Wege ins persönliche Glück.

Wer allem Möglichen seine Aufmerksamkeit schenkt, schenkt diese am Ende des Tages nichts und niemandem mehr. Die vielgepriesenen Werkzeuge des modernen Informationszeitalters haben diese Schere nicht geschlossen, sondern weiter aufgehen lassen. Kaum eine Besprechung mit einem Spitzenpolitiker, die nicht durch einen Anruf unterbrochen wird. Im Augenwinkel hat er stets den Nachrichtendienst auf seinem Bildschirm und im Gepäck die abzuarbeitende Tagesmappe voller Ausdrucke. Seine Mitarbeiter, die ihn vor *allzu viel* schützen sollen, sind daher noch eindeutiger der fleischgewordene *Informationsoverload.* Sie hantieren oft mit zwei Handys parallel. Die Armee der Blackberry-Träger wird kommandiert von der segensreichen Push-Funktion, welche ihren Tag in ein Stakkato von Hunderten Einzelmeldungen zerhackt. Ein 15 Minuten durchgängig ungestörtes Gespräch mit einem Ministersekretär ist nach meinen Erfahrungen im Jahre 2010 nahezu unmöglich.

Die digitale Überfütterung und die permanente Zerstreuung

»Wenn der Computer ruft, das Handy klingelt, der Blackberry summt, lassen wir alles stehen und liegen aus Angst, bei der darwinistischen Jagd nach Informationen zu spät zu kommen«, schreibt Frank Schirrmacher in seinem Ende 2009 erschienenen Buch »Payback«.[43] Erneut erwies sich der Herausgeber der *Frankfurter Allgemeinen Zeitung* – wie 2004 mit »Das Methusalem-Komplott« (über die Überalterung der Gesellschaft) und 2006 mit »Minimum« (über die Auflösung der Familie) – als versierter Seismologe gesellschaftlicher Transformationsprozesse. In seinem kontroversiell diskutierten Buch schildert er, wie der Informationsoverkill den menschlichen Denkapparat verändert. Die Überfütterung mit winzigen Info-Häppchen, die sich in Körper und Geist festsetzen, mache uns krank, meint er. Das Krankheitsbild lautet quasi auf »Staublunge des digitalen Zeitalters«. Multitasking wie etwa die gleichzeitige Beschäftigung mit Handy, iPod und Laptop veröde unsere Kreativität und begrenze unser Denken auf das technisch Machbare. Das Internet »zermansche« unsere Gehirne, so seine Alarmierung. Denn: das Netz verändere uns, nicht umgekehrt. Manche Rezensenten hielten das Buch für den Kulturpessimismus eines Über-50-Sympathisanten der Analogkultur. Gerade für Politiker erscheint es mir aber, wie für alle Wissensarbeiter, jedenfalls lesenswert.

Definitiv ist die Wiederentdeckung der Muße längst überfällig, aber gerade für die Politik leider außer Reichweite. Es erscheint gleichsam unmöglich, aus dem Strom von Informationen herauszusteigen, sich aus dem immer schnelleren Alltag – und sei es nur punktuell – auszuklinken. Die Politik ist zu einer Branche der permanenten Zerstreuung und des Hinterher-Hechelns geworden. Dies gilt freilich auch für meinen Berufsstand der Politikberater. Viel zu oft, so denke ich mir, sind wir mit hektischem Reagieren beschäftigt und zu selten mit proaktiver Gestaltung.

Bei sich oder außer sich sein

Nach so mancher »Hetze« fällt mir gelegentlich diese fernöstliche Weisheit ein, die von einem Mann berichtet, der einst gefragt wurde, warum er trotz seiner vielen Beschäftigungen immer so glücklich sein könne. Er sagte:
»Wenn ich stehe, dann stehe ich,
wenn ich gehe, dann gehe ich,
wenn ich sitze, dann sitze ich,
wenn ich esse, dann esse ich,
wenn ich liebe, dann liebe ich …«
Da fielen ihm die Fragesteller ins Wort und sagten: »*Das tun wir auch, aber was machst Du darüber hinaus?*« Er sagte wiederum:
»Wenn ich stehe, dann stehe ich,
wenn ich gehe, dann gehe ich,
wenn ich …«
Wieder sagten die Leute: »*Aber das tun wir doch auch!*« Er aber sagte zu ihnen:
»Nein – wenn ihr sitzt, dann steht ihr schon,
wenn ihr steht, dann lauft ihr schon,
wenn ihr lauft, dann seid ihr schon am Ziel.«

Natürlich ist es ein Stück weit eine Zumutung, gerade von Politikern Achtsamkeit einzumahnen. Zu all den Reizen und zum turbulenten Alltag hinzu gesellt sich für sie ja noch der Umstand, unter permanenter Kritik zu stehen. Die medialen Be- und Verurteilungen, die öffentlichen Konfrontationen und die wechselseitigen Beschädigungen der Politiker untereinander müssen zwangsläufig zu einer Abstumpfung führen. Würde ein Politiker sich zugestehen, jeden Stich zu spüren, so wäre das kaum auszuhalten. Es gilt also, einerseits eine »dicke Haut« zu entwickeln und sich andererseits nicht der Ignoranz und Gefühllosigkeit hinzugeben.

In erster Linie ist es eine Frage der persönlichen Reife, ob der Politiker einen guten Umgang mit all den großen Herausforderungen seines spezifischen Kontextes findet. Ich werde mich »der reifen Persönlichkeit« noch ausführlich widmen. Klar ist, dass jeder hier seine individuellen Antworten finden muss. Ich war beispielsweise immer begeistert, wenn ich die Geschichten hörte, dass Bundeskanzler Wolfgang Schüssel eine Sitzung früher verlassen habe, um mit seinem Sohn Fußball zu spielen. Auch sein Karikaturen-Zeichnen, sein Cello-Spielen und sein jährlicher Rückzug ins Kloster mögen gute Schutz- und Schonzonen gewesen sein, um den druckvollen Polit-Alltag erfolgreich und glaubwürdig bewältigen zu können. Trotzdem war nach meinen Beobachtungen gerade auch dieser Wolfgang Schüssel nicht davor gefeit, vor der Überforderung in die Überheblichkeit zu flüchten. Noch expliziter der Fall war dies bei seinem Nachfolger als Bundeskanzler, Alfred Gusenbauer. Wenn es ihm zu viel wurde, trug er die Verachtung für (kleine) Funktionäre mitunter ungeschützt vor sich her.

Ich werde in späteren Kapiteln konkrete Bilder zeichnen, was die Alternativen zu Abgehobenheit, innerer Indifferenz, Erschöpfung, Zynismus oder Burn-out sind. Sie wandeln entlang des Mutes zur Priorisierung und einer gepflegten Achtsamkeitspraxis, die es in den Alltag zu integrieren gilt. Demut und Durchsetzungskraft, Urteilsvermögen und selbstbewusste

Grenzziehung, Resilienz (Widerstandsfähigkeit) und Ambiguitätstoleranz (konstruktiver Umgang mit Ungewissheit) sowie Werte und Identität sind einige jener Wegmarkierungen, die helfen, in der Überflutung durch Reize und Informationen glaubwürdig zu bestehen.

Die einsame Macht

»Ich will einen Mann mit nuklearer Macht.«[44] Das singende Model Carla Bruni hat ihre kolportierte Begehrlichkeit erfolgreich umgesetzt und angelte sich den kleinen Mann mit der großen Bombe. Wissenschaftliche Studien zeigen, dass für Frauen – offensichtlich auch für moderne und wohlhabende – die Kategorien Image und Sozialprestige nach wie vor die größte Attraktivität bei der Partnerwahl besitzen. »Was ist er?« – lautet die zentrale Frage für Frauen. »Wie sieht sie aus?« – hingegen der primäre Fokus auf Seiten der Männer. Evolution und Hormonhaushalt fordern also auch im 21. Jahrhundert ihren Tribut. Daher sind die Hochglanz-Gazetten auch voll mit Geschichten über reiche und mächtige Männer mit jungen, hübschen Damen. So weit, so schön – für die Sarkozys und Berlusconis dieser Welt.

Doch Achtung, geschätzte Herren. Könnte es sein, dass sie *nur* »eure Bombe« wollen? Charisma ist meist eine Funktion, eine Folge der Macht. Letztere kommt übers Amt; und geht mit dem Amt. Folglich erlischt mitunter auch das Charisma. Im Falle des Herrn Silvio ist es sein Glück, dass er den allfälligen Verlust seines Amtes als Regierungschef – vielleicht bis zum Erscheinen dieses Buches schon geschehen – mit einer stärkeren Akzentuierung seiner Rolle als Konzernchef kompensieren könnte. Es ist also zu erwarten, dass uns die erotische Strahlkraft des Cavaliere aus dem Stiefelstaat noch bis in sein biblisches Alter beschäftigen wird. Doch es ist gerade seine Geschichte, die zeigt, dass der Sprung vom illustren, betriebsamen Leben in die Einsamkeit ein kleiner sein kann.

Der eiserne Mantel der Einsamkeit

Am 29. September 2009 meinte Berlusconi am Ende eines Telefoninterviews zu seinem 73. Geburtstag gegenüber dem RAI-Programm »Unomattina«: »Rufen Sie mich häufiger an, so fühle ich mich weniger einsam.«[45] Vielleicht war es die Koketterie eines ewigen Gamblers; oder aber die Offenbarung eines alternden Gigolos. Im vorangegangenen Jahr waren seine Mutter Rosa und seine Schwester Maria Antonietta gestorben. Seine Frau Veronica Lario hatte sich nach dem Skandal um die unklare Beziehung Berlusconis zu einer 18-jährigen Neapolitanerin von ihm getrennt. Und wegen der Sexskandale war seine Popularität laut Umfragen im Sinken begriffen.

Partnerschaft auf Dauer – das lehrt uns das Leben – ist zweifellos mehr als das Ergebnis eines archaisch-hormonell gesteuerten Beuteschemas. Wer kein starkes »Hinterland« oder gar eine erodierende familiäre Basis hat, der mag in der Exponierung der Spitzenpolitik rasch in Einsamkeit verfallen. »An der Spitze bist du immer allein«, lehrt ein altes Sprichwort; zumal dann, wenn es nicht so gut läuft. Die politischen Freunde sind Zweckallianzen. Abgedroschen und doch mitunter wahr ist die politische Weisheit der Steigerungsstufen menschlicher Beziehung: »Freund – Feind – Parteifreund«.

Die Politik als verletzendes Feld

»Im Vergleich mit einer Partei ist ein Klingonenschiff ein Hort des Friedens«, hörte ich unlängst einen politischen Beobachter sagen. Tatsächlich ist die Politik ein sehr verletzendes Feld.

Deswegen sind mitunter auch die Menschen so, wie sie sind, wenn sie schlussendlich nach mühevollem Aufstieg in den Spitzenpositionen ankommen. Sie haben es jahrelang ertragen, gepiesackt, getreten und geprügelt zu werden. Ihnen wurde oft übel mitgespielt. Die teils offensichtliche Verachtung der Politiker für den eigenen Berufsstand rührt teils wohl auch daher.

Ich fragte vor einigen Monaten einen Insider, warum in der Wiener SPÖ die Beziehungen untereinander so innig sind. Tatsächlich gibt es dort eine signifikant hohe Rate an Verehelichung beziehungsweise Verpartnerung zwischen den Spitzenfunktionären – durchaus mit wechselnden Konstellationen. »Weil Politik ein brutales Geschäft ist. Und weil dieser zehrende Alltag auch eine Form von Bedürftigkeit bei den Leuten auslöst. Und hier treffen eben viele Bedürftige aufeinander … und finden sich.« Soweit ein kleines Psychogramm der Führungsriege meiner Heimatstadt. Freilich lässt sich diese »Bedürftigkeitsthese« auch auf etliche andere Branchen und Kontexte anwenden.

Der Flügelschlag der Nacht

Zweifelsohne lebt der Politiker in einem sehr dichten Beziehungsgeflecht. Auf jeden Darsteller kommen im politischen Theater Hunderte von Souffleuren. Doch die allermeisten dieser Beziehungen sind funktional, opportunistisch, hybrid. Die massenhaften Berater und Begleiter sind keine echten Freunde, die auch halten, wenn es hart auf hart geht. Wenn es gut läuft, sind sie hoffentlich hilfreiche Weggefährten. Wenn es aber wirklich schlecht läuft, sind sie in der Regel verschwunden.

Politik bedeutet Zuwendung, aber eben eine funktionale und erfolgsbedingte. Das hat auch alles seinen Wert und seine Sinnhaftigkeit; doch nur bedingt in Stunden der Niedergeschlagenheit und Depression. Man wird überhäuft mit Menschen und

Anerkennung, doch wird all dies in der Stummheit der Nacht verpuffen, wenn nach langen Arbeitstagen der Bürgermeister oder die Ministerin an die Decke ihres Schlafzimmers starren. In dieser Stille dröhnen wahrscheinlich die ehrabschneidenden Beurteilungen lauter als die gehechelten Belobigungen. In der Stunde der Ruhe erst werden auch all jene Verletzungen schmerzen, die man sich in der täglichen Hektik und Auseinandersetzung zugezogen hat, ohne es richtig zu bemerken. Und in diesen Stunden wird sich entscheiden, ob der Politiker einen konstruktiven Umgang mit den Abrisskanten seines Berufsalltags, zumal mit der Einsamkeit der Macht, findet oder nicht. Er muss »das schwere Amt« aus sich heraus (er-)tragen oder es wird ihn charakterlich deformieren.

Die Stunde der Ruhe, der Moment der Besinnung, kann zur Stunde der Beklemmung werden. Dies gilt für uns alle, insbesondere aber für den Politiker, an dem so viel zerrt und nagt. Wohl ist das mit ein Grund, dass sich viele Politiker keine Ruhe gönnen. Die Stille ist keine leichte Übung. Einfacher ist es, die drohende Beklemmung in Machtautismus oder Zynismus umzulenken. Vielfältig sind die Richtungen, in die man sich verwachsen kann.

Unbestritten ist für mich die Politik »ein Wirkstoff«, der im lebenden Organismus »Politiker« Funktionen verändert. Es muss sich nicht immer gleich um ein Ministeramt handeln. In der Begleitung junger Politkarrieren habe ich viele beobachtet – ob Bürgermeister, Landtagsabgeordnete, Nationalräte oder Regierungsmitglieder. Mitunter machen sie etwas mit ihren Funktionen; aber allemal machen die Funktionen etwas mit ihnen. Äußerste Wachsamkeit ist gefragt, damit diese Entwicklungen auch zu gutem persönlichem Wachstum führen. Nicht selten ist die Politik der Stoff, der gleich einer Droge in einen Rauschzustand und in seltsame Abhängigkeitssyndrome führt. Sehen wir uns das im Folgekapitel genauer an.

Die Politik als Droge

»Applaus ist Koks für die Seele«, so tituliert *Der Spiegel* ein Interview mit dem Psychiater und »Celebrity-Experten« Borwin Bandelow. Sein Thema sind große Egos, Selbstzerstörung im Showbusiness und die Bühne als Therapie. Auf die Frage, woher der unbändige Drang nach Rampenlicht und Beifall komme, liefert er eine physiologische Erklärung: »Jeder Mensch strebt nach einer Erhöhung seines Glückshormonpegels. Dafür ist im menschlichen Gehirn das sogenannte Belohnungssytem zuständig. Es regelt die Ausschüttung von Endorphinen. Dieses neuronale System ist, wenn Sie so wollen, das Bindeglied zwischen Sex, Drogen und Rock'n'Roll – alles drei Aktivitäten, die unmittelbar glücklich machen.« [46]

Auch Politik ist eine Tätigkeit, die Akteure potenziell mit Endorphinen überschüttet. Überspitzt formuliert: Das Berufsbild Politiker ist die Verheißung einer Rock-Karriere auch für solche, die nicht singen können. Die politische Bühne schenkt Aufmerksamkeit. Diese ist eine Form von Liebe. Letztere wiederum ist Treibstoff für den Menschen.

Liebe als Treibstoff

Ohne Liebe – so meine These – gibt es keine nachhaltig positive menschliche Entwicklung. Allerdings ist zu unterscheiden zwischen *wahrhaftiger Liebe* und *sekundärer Liebe*. Marie von Ebner-Eschenbach, eine der bedeutendsten deutschsprachigen Erzählerinnen des 19. Jahrhunderts, formuliert diese Differenzierung trefflich: »Wahre Liebe fordert nicht, wahre Liebe gibt. Sie ist ein Entgegenkommen, ein Geben, aber auch ein Annehmen. Wahre Liebe ergreift nicht Besitz, sondern gibt Freiheit.«

Auch diese *wahrhaftige Liebe* konnte ich bei Politikern beobachten und ich halte sie dann stets für ein großartiges Ereignis. Ich werde im Kapitel »Verbundensein« darauf zu sprechen kommen. Öfter aber begegne ich bei Politikern der *sekundären Liebe*: Das ist jener Treibstoff an Zuwendung, den wir uns durch inszenierte Aufmerksamkeit »organisieren«.

Nicht nur die narzisstische Befriedigung verlangt stets nach mehr. Etliche Feinde der Glaubwürdigkeit, die ich in den vorigen Kapiteln dargestellt habe, führen potenziell in die Abhängigkeit:

- Das jahrelange, ehrenamtliche oder schlecht bezahlte Hochdienen mittelmäßiger Talententräger innerhalb verkrusteter Strukturen verengt deren Karrierepfade. Sie begeben sich in die Abhängigkeit von nur wenigen Optionen.
- Politische Funktionen sind Eintrittskarten in diverse VIP-Zirkel. Diese Eintrittskarten wollen stets verlängert werden. Wer einmal VIP ist, verabschiedet sich ungern von diesem privilegierten Status.
- Die Betörung durch Reizüberflutung weckt den Durst nach immer stärkeren Impulsen.
- Die mediale Präsenz verlangt nach Verlängerung. *The show must go on*: Wer gestern in der Zeitung war, ist morgen schon vergessen.
- Die permanente Verfügbarkeit im Hamsterrad des politischen Alltags beschleunigt die Geschwindigkeit, mit der dieses Rad läuft.
- Die Einsamkeit der Macht ruft nach Ersatzbefriedigung des Bedürfnisses nach Nähe. Ein letztes Mal das Beispiel Silvio Berlusconi: Ein 72-jähriger Ministerpräsident sucht Geborgenheit bei einer 18-Jährigen, die dieses Verhältnis in Zeitungen folgendermaßen kommentiert: »Keiner versteht, wie sensibel Papi ist.«[47]

»Ehemalige« berichten über ihre Sucht

Politik ist also eine Droge mit zahlreichen »bedenklichen Inhaltsstoffen«. Die Gefahr, in die Abhängigkeit abzurutschen, ist groß. Ungern sprechen aktive Politiker über diese Aspekte. Jahrelang habe ich Teilzeit- und Berufspolitiker in Trainings und Coachings begleitet. Angesprochen auf diese Sphären der Verführung, Betörung und Abhängigkeit ernte ich tendenziell Unverständnis oder Desinteresse. Es regiert eine latente Abwehrhaltung. Dieses Reaktionsmuster erinnert an konventionelle Drogenabhängige. So zeigen beispielsweise auch Alkoholiker von sich aus in der Regel kein Interesse, ihren Alkoholkonsum kritisch zu reflektieren. Verdrängung siegt über Problembewusstsein. Entschieden stellen sie in Abrede, dass sie mit Alkohol ein Problem hätten. Vielmehr sind sie davon überzeugt, alles im Griff zu haben und den Drogenkonsum jederzeit selbst beeinflussen zu können. Diese subjektive Fehleinschätzung ist bekanntlich ein prominentes Wesensmerkmal echter Abhängigkeit.

Ehemalige Politiker tun sich leichter, über diese Abgründe ihres früheren Berufs zu sprechen. Klaus Töpfer, von 1987 bis 1998 deutscher Bundesumweltminister, dann Bauminister und anschließend bis 2006 Leiter des Umweltprogramms der Vereinten Nationen, sagt von sich, er sei in Deutschland ein »Politoholic« gewesen. Im Magazin *politik&kommunikation* beantwortet er die Frage, ob Politiker der Gefahr entkommen können, von der Politik abhängig zu werden: »Ich möchte nicht darüber sprechen, was Kollegen empfinden. Ich habe es nur selbst durchlitten, einfach von einem Tag auf den anderen aus dem Politikbetrieb in Deutschland auszuscheiden und mich zwei Tage später mitten in Afrika wiederzufinden. Da funktionierte das Telefon nicht, es gab keine Zeitung, kein deutsches Fernsehen. Dann hast du Entzugserscheinungen. Und da ist mir sehr schnell klar geworden, dass ich politiksüchtig geworden war. Ich hoffe, dass ich darüber hinweggekommen bin. Aber wie es bei allen ist, die Entzugskuren hinter sich haben: Die Gefahr, dass man rückfällig wird, ist immer gegeben. Aber ich glaube, jetzt führen vor allem das Alter und die damit verbundene Weisheit dazu, dass die Rückfallswahrscheinlichkeit langsam gegen Null geht.«[48]

Unser Unternehmen betreute für den Österreichischen Wirtschaftsbund, den ÖVP-Wirtschaftsflügel, zehn Jahre ein bundesweites Potenzialträger-Programm für Nachwuchspolitiker und -funktionäre. Ich leitete das Programm sechs Jahre lang. Gruppendynamische Prozesse sowie das für Potenzialträger-Projekte typische Moment der Exklusivität und des Auserwähltseins führen im Zeitraum des einjährigen Programms stets zu sehr hoher emotionaler Dichte. Diese »Highlife-Dynamik« wurde von mir im letzten Modul stets bewusst gebrochen: Wir luden dazu ehemalige und aktive Politiker ein, auch über *die Schattenseiten des Politikerdaseins* zu erzählen. Die Teilnehmer reagierten darauf teils sehr irritiert. Ein exemplarisches Zitat: »Zuerst führt ihr uns ein Jahr in lichte Höhen und dann diese Form der Demotivierung. Was soll das?«

Anlass für dieses Schwanken zwischen Entrüstung, Erstaunen und Nachdenklichkeit waren jedes Jahr wieder die Ausführungen des ehemaligen Kärntner Landeshauptmanns Christof Zernatto.[49] Auch ich war immer von seiner Offenheit berührt und notierte mit seinem Einverständnis 2007 folgende Zitate. Er sprach von den Belastungen für die privaten Beziehungen: »Wenn Sie keinen Partner haben, der bereit ist, das Spiel mitzuspielen nach Regeln, die Sie über weite Strecken nicht selbst bestimmen können, dann lassen Sie's.« Seine Ehe, so meinte er, hätte kein weiteres Jahr Landeshauptmann mehr ausgehalten. Er berichtete über die subjektive Verblendung: »Es schimpfen alle über die Politik. Aber wenn sie einen Politiker treffen, je nach Machtfülle, dann wird dieser von der hoheitlichkeitsachtenden Bevölkerung hofiert. Circa 20 Prozent haben mich gewählt, aber

80 Prozent sagten mir bei persönlichen Treffen: ›So ein Glück für das Land, dass Sie das machen!‹ Du weißt zwar auf einer rationalen Ebene, dass dich nur ein gewisser Teil unterstützt, aber du lebst in der Fiktion, dass dich 100 Prozent lieben. Nur selten sagt dir jemand die Wahrheit. Vielleicht ein Betrunkener. Und auf den ist man dann angefressen. Das böse Erwachen erfolgt in den Tagen, nachdem du das Amt abgelegt oder verloren hast.«

Christof Zernatto lieferte auch ernüchternde Erkenntnisse von der finanziellen Front: »Wer glaubt, er kann seine finanziellen Probleme über die Politik lösen, der soll die Finger davon lassen. Da gibt es ganz eindeutig einträglichere Formen der Erwerbsarbeit.« Und er sprach von Unberechenbarkeit und Abhängigkeit: »Politik ist nicht planbar. Wenn du in der Politik gefragt wirst, ob du eine konkrete Funktion übernimmst, dann kannst du nur einmal Nein sagen. Dann bist du aus dem Spiel. Du wirst in der Regel ziemlich überraschend gefragt und hast dafür dann nur wenige Stunden Zeit zum Entscheiden … In Wirklichkeit sollte man in der Politik zu jedem Zeitpunkt ein Ausstiegsszenario parat haben. Den meisten fehlt es aber. Dann bist du nicht dein eigener Herr.«

Junkie bleibt Junkie

Zernattos Erfahrungsberichte mündeten konstant in die Frage: »Und warum trotzdem die Politik? Wollen Sie das wirklich?« Seine persönliche Antwort: »Ich habe als Jurist begonnen. Ich war dann in der Lebensmittelbranche, später Geschäftsführer. Ich hatte ein spannendes Berufsleben. Das spannendste von allem aber war die Politik. Da geht es ab. Das ist wie eine Droge. Politik bedeutet freiwilliges Tun in einer Welt, die so voller Sachzwänge ist. Politik ist erotisch. Es ist der letzte Abenteuerspielplatz, ohne in den Dschungel fahren zu müssen.«

Interessante Töne schlägt auch Ulrich Kasparick an, bis zur

Bundestagswahl 2009 Parlamentarischer Staatssekretär in Berlin. Er präsentierte 2010 sein Buch »Notbremse. Ein Politikjunkie entdeckt die Stille« (Gütersloher Verlagshaus) – seine Beschäftigung mit *dem Loslassen*. Auf die Frage, wie schwierig es sei, von der Droge Politik wegzukommen, meint er: »Die Entzugserscheinungen sind wirklich wie bei einem Junkie. Nicht nur, weil er merkt, dass ihm etwas fehlt, sondern weil er unruhig wird, nichts mehr mit sich anzufangen weiß, ewig hin und her läuft.« Ob er sich eine Rückkehr in die Politik vorstellen könne: »Für mich gehört zu den ernüchternden Erfahrungen des Sabbaticals, dass der Junkie ein Junkie bleibt. Das ist wie bei einem Drogenabhängigen: Man kann nicht einfach eine Pille nehmen und die Sucht ist vergessen. Ich weiß, dass ich ein politisch interessierter Mensch bleiben und mich auch weiterhin einmischen werde. Es gibt jedoch einen Unterschied: Mittlerweile habe ich erkannt, dass das eben nur ein Teil von mir ist. Ich lasse mich davon nicht mehr dominieren.« Ein Resümee, das auch Roland Koch bei seinem Abschied als hessischer Ministerpräsident im Mai 2010 zog: »Politik ist ein faszinierender Teil meines Lebens, aber Politik ist nicht mein Leben.«[50]

Wie kann glaubwürdige Politik wachsen?

Die bisherigen Ausführungen machen klar: Das Ansinnen, glaubwürdige Politik zu machen beziehungsweise glaubwürdig in seinem Beruf als Politiker zu sein, ist nicht einfach umzusetzen. Wie kann Glaubwürdigkeit wachsen? Welche Rolle spielt dabei das *Individuum* und welche Relevanz hat die *organisationale Sphäre*? Diesen Fragen widme ich mich im nun folgenden Teil des Buches.

Wir wechseln an dieser Stelle von einem *analytischen* Fokus in einen *konzeptiven* Modus: Willkommen in meiner Skizze eines zeitgemäßen Politikverständnisses!

Teil 2

Aufbruch in eine neue Glaubwürdigkeit

Die persönlichen Quellen erschließen

Über die »Good Vibrations« der reifen Persönlichkeit ...

»Die Grenze der Intervention ist der Intervenierende.« Diese Grundhypothese der systemischen Beratung kann wohl gut auf die Politik übertragen werden. In Abwandlung würde ich meinen: Ausmaß und Grenzen der Handlungsfähigkeit eines Politikers werden durch seine Persönlichkeit definiert. Salopp formuliert: Je reifer die Persönlichkeit, desto mehr Potenzial für glaubwürdige Politik ist vorhanden.

»Intervenieren« im systemischen Sinne bedeutet komplexe Zusammenhänge erkennen zu können und – auf Basis von Annahmen über erzeugbare Wirkungen – Eingriffe in ein System zu tätigen. Dies beschreibt wunderbar die Aufgabe eines Politikers. »Intervenieren« nicht im österreichischen Alltagssinn des »es sich richten«, sondern im Sinne von »gestalten«. Politiker sind Ingenieure der gesellschaftlichen Entwicklung. Sie formen Gefäße, in denen Wachstum und Entfaltung der ihnen anvertrauten Themen, Aufgaben und Organisationen einen guten Platz finden.

Die hohen Anforderungen an die Politik

Die vorangehenden Kapitel haben klar gemacht, dass die Anforderungen an die Persönlichkeit eines Politikers hoch sind. Das erscheint mir auch legitim: Wem mehr anvertraut wird, von dem wird mehr verlangt. Diese Logik bestätigt sich beispielsweise auch in den Alltagserfahrungen von Führungskräften, Unternehmern oder Eltern. Es gilt: Wer mehr Verantwortung für andere übernimmt, wird noch verantwortungsvoller mit seinen eigenen Ressourcen umgehen (müssen), um die Herausforderungen des Alltags gut meistern zu können. Dabei hilft es ungemein, seinem Leben eine gewisse Balance zu geben. Konkret geht es darum, den Alltag des Politikerberufs gut mit den anderen Sphären des Daseins in Beziehung zu bringen: Erwerbsarbeit (so nicht hauptberuflich Politiker), Familie und Freunde, Gesundheit und Körper sowie Sinnlichkeit und kulturelle Entfaltung.[51]

Vieles hilft, ein guter und glaubwürdiger Politiker zu sein: Umfassende Praxis-Erfahrung im politischen System, gute Vernetzung in unterschiedlichen gesellschaftlichen und politischen Sphären, Organisations- und Führungserfahrung, Talente wie Kommunikationsstärke und Sachverstand, Handwerkszeug wie gute Rhetorik … – doch all das wird für eine *Politik mit hoher Glaubwürdigkeit* nicht reichen, wenn es dem Politiker an persönlicher Reife fehlt. Letztere bildet die starke Basis und verleiht der Tatkraft Flügel. Die »good vibrations« einer reifen Persönlichkeit sind Dreh- und Angelpunkt einer schöpferischen, selbstbewussten und charismatischen Ausgestaltung des Politiker-Daseins.

Politik ist Kooperation

Politik bedeutet in meinem (idealtypischen) Verständnis immer auch *Kooperation* und das Verfolgen gemeinsamer Ziele. Dies erfordert die Fähigkeit, Ziele zu definieren, abzuwägen und verbindlich zu machen. Kooperation verlangt dabei nach der Eignung und Bereitschaft zur Planung und zur Kompromissbildung. Wichtig für nachhaltig erfolgreiche Kooperation sind zudem zielorientierte Steuerung, ergebnisorientierte Umsetzung und das faire Teilen der Verdienste. »Kooperation und Kooperationsfähigkeit sind an ein ausreichendes Vorhandensein von erarbeiteter Identität gebunden«, resümiert Primar Harald Meller, Direktor der Gesellschaft für Psychische Gesundheit in Tirol. Wer für sich selbst oder stellvertretend für Institutionen in gelingende Kooperation eintreten will, muss sich auf eine Reihe von Persönlichkeitseigenschaften stützen können. Gemäß Dr. Meller hervorzuheben sind: »Autonomie als Fähigkeit, einen eigenen Standpunkt einzunehmen und zu behaupten, kritische Gesinnung im Sinn der Bereitschaft, sich auf die Dimension der ›Krise‹ einzulassen – d.h. Dinge auch in Frage zu stellen –, gegen etwas sinnvoll zu ›rebellieren‹, Mut zu Kontakt und echter Begegnung im Sinn der ›Exploration‹ und ›Verpflichtung‹ als verlässliche, zeitübergreifende und nachhaltige Vereinbarungsqualität.« [52]

Ich bin davon überzeugt, dass mit sich selbst zufriedene, selbstbewusste und gleichzeitig konstruktiv-kritische sowie in ihrem gesellschaftlichen Umfeld gut organisierte Politiker die besten Voraussetzungen für eine gute und menschliche Art der Politik haben. Die Wissenschaft belegt, dass sich der Identitätsstatus einer Person auf die Fähigkeiten auswirkt, sich zu vernetzen, im Team zu arbeiten, Verhältnisse mutig zu hinterfragen und kreativ zu gestalten sowie anderen und sich selbst nachhaltig Wachstumsmöglichkeiten zu geben. Die dafür hilfreichen – und oben bereits angedeuteten – Persönlichkeitseigenschaften begegnen uns auch im entwicklungspsychologischen Konzept der »erarbeiteten Identität«. Ich werde gleich darauf zu sprechen kommen. Davor noch ein genauerer Blick auf den Begriff der »Identität«.

Gute Weine brauchen Entwicklung

Mit *Identität* meine ich in unserem spezifischen Kontext das *Selbstkonzept einer Person* – im Sinne des Verständnisses von sich selbst. Es geht um den Sinn für das, was man ist oder sein will; um die Innensicht der eigenen Person mit ihren unterschiedlichsten Facetten. Die Identität ist Kern und Voraussetzung seelischer Gesundheit. Sie beantwortet die Frage » Wer bin ich?«. Unweigerlich damit verbunden ist das Ausgreifen nach der zeitlichen Perspektive: »Woher komme ich? Wie bin ich der geworden, der ich bin?« und »Wohin gehe ich? Wer will ich werden und wer werde ich sein?« Die Integration der Antworten auf diese drei Zeitaspekte liefert die Gestalt unserer Identität. Diese verankert uns im Hier und Jetzt und lässt uns uns selbst als konsistent, kontinuierlich und konstant erleben.

In meiner Sturm-und-Drang-Zeit hatten meine Mutter und ich punktuelle Briefwechsel. Ich erinnere mich, dass sie einmal in einem Schreiben – wohl eher zu ihrer Selbstbeschwichtigung denn zu meiner Erleichterung – schrieb, dass »gute Weine oft lange brauchen, um zu reifen«. Ich konnte diese Metapher damals nur schwer annehmen. Heute muss ich gelegentlich mit Schmunzeln daran denken. Ja, der Prozess der Identitätsfindung ist mitunter »ein wilder Ritt«. Innerhalb unserer Entwicklung durchlaufen wir Menschen phasenspezifische Krisen und Konflikte, die durch die Konfrontation mit gegensätzlichen Anforderungen und Bedürfnissen ausgelöst werden. Deren Bewältigung beschreibt Erik H. Erikson (1902–1994) als »die Entwicklungsaufgabe des Menschen«.

Die Entfaltung des Menschen

Der deutsch-US-amerikanische Psychoanalytiker folgt mit seinem Modell der psychosozialen Entwicklung dem Menschen von seinen frühkindlichen Verhaltensweisen bis hin in die Phasen des Erwachsenseins.[53] Eine essenzielle Sequenz der Reifung ist dabei die Fokussierung von Fragen der beruflichen Entwicklung, des Führens von Partnerschaften, der gesellschaftspolitischen und philosophisch-spirituellen Positionierung sowie Fragen des persönlichen Stils (z.B. Erscheinungsbild, Lifestyle, Mode, Freizeitverhalten). Basierend darauf können ein zielgerichtetes Handeln, persönliche Verpflichtung und produktive Integration in die Gesellschaft sowie ein subjektives Gefühl von Loyalität und Treue erwachsen. Am Ende eines gelingenden Identitätsprozesses steht – soweit das idealtypische Modell – ein tiefes Gefühl von Verwurzelung und Wohlbefinden sowie von Selbstachtung und Zielstrebigkeit.

Wäre es nicht schön, würden wir alle dort ankommen? Jedenfalls wäre es ein Segen, wenn möglichst viele Politiker dort ankämen – sie sind »die Hebammen des Neuen« und könnten solchermaßen gestärkt ihrem Beruf beziehungsweise ihrer Berufung nachkommen. Das Leben folgt aber nicht immer idealtypischen Konzepten. Daher kennt die Entwicklungspsychologie auch »unreife« Formen der Identität, ohne diese Ausprägungen bereits als seelische Krankheiten zu verstehen. Für unsere Analyse der Grundlagen von Glaubwürdigkeit in der Politik erscheint mir eine genauere Betrachtung sinnvoll.

Der kanadische Entwicklungspsychologe James E. Marcia beschreibt auf Basis seiner Forschungen vier Identitätszustände (Identity Statuses): die *diffuse Identität*, die *übernommene Identität*, das *Identitätsmoratorium* und die *erarbeitete Identität*.[54]

– Die *diffuse Identität* ist gekennzeichnet durch eine hohe Unverbindlichkeit. Es erfolgt keine Festlegung oder eine nur unzureichende Bindung auf Werte. Dieser Typus hört auf Gleichaltrige (Peers) und Kollegen sowie idealisierte Autoritäten. Er ist wechselhaft und opportunistisch; die Steuerung erfolgt primär durch externe Autoritäten.
– Die *übernommene Identität* charakterisiert sich durch eine

Festlegung auf Werte, die von der Elterngeneration ausgewählt wurden. Der kognitive Stil ist simpel und impulsiv, die Beziehungen haben einen einförmigen Charakter. Personen in dieser Identitätsform sind typischerweise ruhig, wohlerzogen und glücklich im System, dem sie vertrauen. Die Steuerung erfolgt vor allem durch anerkannte Autoritäten, von denen die Werte übernommen wurden.

- Das *Identitätsmoratorium* bezeichnet eine Persönlichkeit, die sich aktuell in einer Krise befindet. Dieser Status charakterisiert sich durch heftige Auseinandersetzungen z.B. mit privaten und beruflichen Grundsatzfragen sowie durch die Suche nach Werten. Im günstigen Fall stellt dieser Zustand den Übergang zur erarbeiteten Identität dar.
- Die *erarbeitete Identität* ist durch reflexive und kognitive Komplexität, durch internale Kontrolle und durch die Fähigkeit zu tiefen Beziehungen gekennzeichnet. Sie kann nicht-defensive Stärke im Sinne einer hohen Auseinandersetzungs- und Konfliktbereitschaft zeigen und verfügt über die Fähigkeit, sich für andere ohne Eigennutz einzusetzen.

Meiden reife Persönlichkeiten die Politik?

Die Auswahl fällt nicht schwer, welcher Identitätsstatus das attraktivste Potenzial für politische Führungsverantwortung einbringt: Nachhaltige Glaubwürdigkeit findet den besten Nährboden zweifelsohne im Kontext einer reifen, erarbeiteten Identität. Allerdings ist auch klar, dass die *erarbeitete Identität* nicht direkt vermittelbar ist. Persönliche Reifung ist ein individueller Prozess. »Erarbeitete, reife Identität ist nicht verabreichbar (…) In dem Augenblick, in dem Identität verordnet wird, sind wir entweder im Bereich der diffusen Identität (…) oder im stereotypen Bereich der übernommenen Identität, deren Kreativität enge Grenzen gesetzt sind«, so Harald Meller.

Das sind schlechte Nachrichten für unser Generalthema. Denn in der Politik ist es gang und gäbe, dass Identität verordnet wird. Die Parteiapparate sind geradezu darauf spezialisiert, ihren Funktionären Identität »zu stiften«. Der Klubzwang paralysiert das freie Mandat und offizielle Sprachregelungen überwuchern die persönlichen Überlegungen. Auch die spezifischen Rekrutierungsmechanismen der Parteien – ich erinnere an die Ausführungen im Kapitel »Das strukturell bedingte Mittelmaß« – legen nahe, dass es *die reife Persönlichkeit* in der Politik nicht leicht hat. Sie käme in den Jahren des Hochdienens und Niederduckens permanent in Konflikt mit ihrem Selbstbewusstsein, ihrer konstruktiv-kritischen Gestaltungsambition und ihrem Mut zur Offenheit. Nicht im Repertoire der reifen Persönlichkeit hingegen wären Verleugnung und Entwertung als Abwehrmechanismus sowie Idealisierung von Autoritäten und undifferenzierte Übernahme von Werthaltungen – Phänomene, die jedoch Teil der politischen Alltagskultur sind.

Dennoch treffen wir sicherlich auch in der Politik auf *reife Persönlichkeiten.* Es kann aber nach meinem Dafürhalten nie genug davon geben! Freilich ist die Welt auch nicht ganz so *schwarz und weiß* wie in den Modellen der Wissenschaft dargestellt. Wir Menschen schimmern in allen Farben und wohl wohnen in jedem von uns menschliche Schwächen wie Eitelkeit, Wankelmütigkeit, Starrsinn, Ichbezogenheit und Unaufrichtigkeit. Auch wird jeder in unterschiedlicher Ausprägung positive Anlagen haben wie Menschenliebe, Offenheit, Intuition, Ehrlichkeit, Vertrauen, Loyalität, Beziehungsorientierung, Handlungswillen, Kreativität, Urteilsvermögen, Feedbackfähigkeit, Wachsamkeit, Bescheidenheit, Rücksichtnahme und Solidarität. Natürlich hängt es auch ein Stück weit davon ab, in welchen Kontext wir geboren wurden und was uns im Leben widerfährt. Doch noch zentraler geht es darum, was wir daraus machen.

Die Krise als Motor und Taktgeber

»Es ist nie zu spät, eine glückliche Kindheit gehabt zu haben«, ruft Milton H. Erikson, der Begründer der modernen Hypnotherapie, den Menschen zu. In diesem Sinne hat jeder die Chance auf eine reife Persönlichkeit. Wir befinden uns zeit unseres Lebens in laufenden Identitätsprozessen. Jeder sollte sich kontinuierlich Rechenschaft ablegen über seinen aktuellen Identitätsstatus, besonders natürlich jene Personen, deren Beruf es ist, den Rahmen für das Zusammenleben der Menschen zu gestalten. Politiker schaffen Identität; daher ist es so wichtig, dass sie auf ihre eigene Identität einen guten Blick haben. Sie brauchen sich als ganzheitliche Person, um gelingende Beziehungs- und Gestaltungsprozesse zu bauen.

Für kooperatives Sein und Handeln braucht es Krise, Selbsterforschung und Verpflichtung. Es braucht die Bereitschaft, Differenzen zu ertragen, Abstriche zu machen, Enttäuschungen zu verarbeiten, reife Abwehrmechanismen ohne Entwertung des anderen und vieles mehr. Und damit schließe ich meine Hommage an und mein Plädoyer für *die reife Persönlichkeit*. Let the music play … Oder, wie es Marky Mark and the Funky Bunch in ihrem Song »Good Vibrations« auf dem Album »Music for the People« 1991 sangen: »… making you feel the rhythm is my occupation. So feel the vibration. Come on. Feel it. Feel the vibration«.

Personaler Credibility Triangle

Die reife Persönlichkeit ist also ein Glaubwürdigkeits-Booster. Glaubwürdige Politik ist somit auch und vorrangig eine persönliche Wachstumsaufgabe. Dieser Ansatz spiegelt sich bereits im Politikverständnis von Platon. Er begreift den Menschen als *Zoon politikon* – als soziales, auf Gemeinschaft orientiertes und Gemeinschaft bildendes Lebewesen. Wesensmerkmal des Menschen ist dabei, dass er auf Entwicklung angelegt ist. Das nach Platon anzustrebende Ideal ist dabei für unsere moderne Wahrnehmung etwas ungewöhnlich: »Im Staatsmann vollendet sich der Mensch als politisches Wesen. So, wie Gott für die Welt Sorge trägt, trägt der Staatsmann Sorge für die Menschen, indem er sie ordnet.«[55]

Selbst bei einem leichten Abwehrreflex gegenüber diesem hehren Politiker-Verständnis Platons – wäre es nicht großartig, könnten wir mit dieser Zuversicht auf die Politik schauen, dass sie das Beste aus den und für die Menschen hervorholt!? Ich halte diesen Ansatz tatsächlich für gut und angemessen – als dialektischen Kontrapunkt zur gängigen Pauschalverdächtigung, dass die Politik den Charakter verdirbt und nur bizarre Gestalten anzieht. Dies ist gleichzeitig auch mein Plädoyer für die Renaissance politischer und menschlicher Tugenden.

Was stärkt Persönlichkeiten gegen die zersetzenden Dynamiken des politischen Feldes, wie sie in der ersten Hälfte dieses Buches skizziert wurden? Woraus – in Vertiefung des Konzepts der reifen Persönlichkeit – speist sich die Glaubwürdigkeit des Politikers? Welche persönlichen Quellen lassen sich erschließen?

Mit dem *Personalen Credibility Triangle* zeichne ich ein einfaches Modell mit drei Polen, über welche Glaubwürdigkeit gefördert werden kann:

- Die *persönliche Mission* als sinnzentrierter Dreh- und Angelpunkt des persönlichen Tuns,
- die *tatkräftige Zuversicht* als unerschütterliche Grundhaltung des Vertrauens in die Menschen und
- *Verbundensein* als Antwort auf die Verflochtenheit unseres Seins sowie als Ausdruck der Liebe zum Leben.

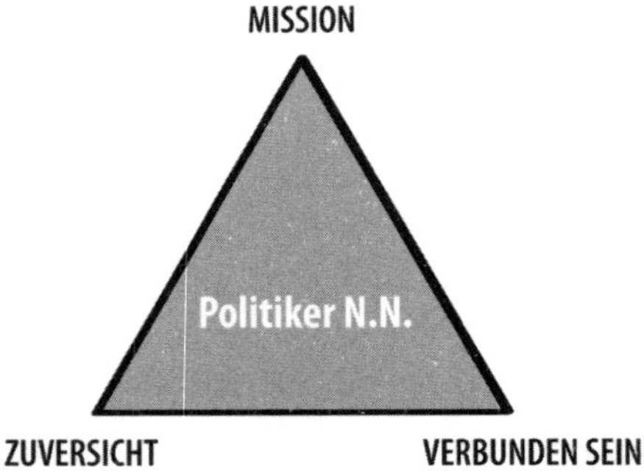

Personaler Credibility Triangle

Persönliche Mission

»Erkenne dich selbst.« Diese Inschrift war der Überlieferung zufolge am Eingang des Tempels von Delphi angebracht. Die Griechen erkannten, dass kein Orakel so hilfreich sein konnte wie die Auseinandersetzung mit der eigenen (inneren) Persönlichkeit. Die Erkenntnis der eigenen *Innenwelt* sollte als Zugang zur Problemlösung in der *Außenwelt* dienen. Es ist dies eine großartige Metapher für glaubwürdige Politiker: Ihre Wirkmächtigkeit erwächst auf Basis ihrer (reifen) Persönlichkeit.

Die Mission als Antriebs- und Wirkkraft

Zentraler Dreh- und Angelpunkt der Selbsterkenntnis und somit des individuellen politischen Handelns sollte die persönliche Mission sein. Sie ist die Antwort auf die Frage: »Wozu? Was möchte ich für wen bewirken?« Die eigene Mission wird so zur Grundlage des persönlichen Selbstverständnisses. Sie bildet den Rahmen für politische Ziele, Strategien und operatives Handeln. Damit wirkt sie handlungsleitend und motivierend. In den Beziehungen mit dem Umfeld und den Bürgern verdeutlicht die Mission, wofür ein Politiker steht.

Die reife Persönlichkeit hat Klarheit über ihr »Wozu?«. Dieses wird oft nicht eindimensional sein. Natürlich können sich darin z. B. Werte und Haltungen mit Themen verbinden. Um es greifbar zu machen, im Folgenden eine exemplarische Ausformulierung:

Meine Mission ist, ein neues Politikverständnis zu leben und dabei
- *das Konstruktive vor das Destruktive,*
- *das Verbindende vor das Trennende,*
- *die Klarheit vor die Verschleierung,*
- *die Eigenverantwortung vor die Bevormundung und*
- *die aktive Gestaltung vor die Tatenlosigkeit zu stellen.*

Insbesondere will ich mit diesem Ansatz helfen,
- *das Wirtschaftssystem so weiterzuentwickeln, dass es nachhaltig den Menschen dient, statt kurzfristige Profite auf Kosten von Menschen und Umwelt zu begünstigen,*
- *das Bildungssystem so umzubauen, dass es stärker Talente und positive Potenziale fördert anstatt das Selbstbewusstsein und die Kreativität der (jungen) Menschen zu schwächen,*
- *die öffentlichen Institutionen so zu erneuern, dass sie (weiterhin) verlässliche Partner der Menschen in diesem Land sind, die investierten Steuergelder sorgsam in nützliche Dienstleistungen umwandeln und gute Arbeitsstätten für die dort »Bediensteten« darstellen, sowie*
- *im Zusammenleben unterschiedlicher Menschengruppen und Gesellschaftsteile (z. B. Inländer/Ausländer, ländlicher Raum/Städte, arm/reich, Akademiker/Nicht-Akademiker, jung/alt) die positiven Potenziale, Verbindungen und Ansätze zu fördern,*

statt wechselseitiges Misstrauen zu nähren und Spaltung anzutreiben.

Politik als Berufung

Forschungen zeigen, dass es für das Wohlbefinden und Glücksempfinden von Menschen wichtig ist, die eigene Arbeit als sinnvoll zu erfahren. Menschen sind dann glücklich, wenn sie ihre Umwelt als kohärent und sich selbst als wirksam erleben. Gerade politische Gestaltung kann hochgradig sinnstiftend und damit ein potenzieller Schlüssel für ein glückliches Leben sein. Es geht um das Gefühl, an etwas mitzuarbeiten, das über den banalen Alltag hinaus Bedeutung hat. Dies kann Flügel verleihen und ungeahnte Energien freisetzen. Die Politik bietet einen guten Kontext, der es Menschen ermöglicht, ihre Existenz in einen größeren Sinnzusammenhang zu stellen und konkret zu handeln. Auf Basis einer tragenden Mission wird das Politiker-Dasein zu einem *erfüllten Sinnerleben* – im Verständnis von Viktor Frankl (1905–1997), der letzteres als Ausdruck psychischer Vitalität verstand. Wobei der Begründer der Logotherapie beziehungsweise Existenzanalyse stets darauf hinwies, dass man Sinn eben nicht verordnen oder geben kann, sondern *finden* muss.[56]

Sinn ist also eine Kategorie, die stark mit dem Inneren des Menschen zu tun hat; ein Phänomen, das sich entwickelt und einem Reifungsprozess unterliegt. Politiker zu sein ist damit auch ein Stück weit *Berufung*, der man nachspüren muss. Was ist der Ruf der Welt, den ich höre, wenn es still ist? »Wo sich deine Talente mit den Bedürfnissen der Welt treffen, dort liegt deine Berufung«, meinte Aristoteles. Ich halte das für eine wunderschöne Metapher und möchte ergänzen: Wo sich dein Wesen, deine Talente, deine Sehnsüchte mit den Bedürfnissen der Zeit kreuzen, dort packe an.

Um Berufung umzusetzen, empfiehlt es sich, die Sinne zu schärfen, in sich hineinzuhören, der Intuition zu lauschen, wachsam die Welt zu bestaunen; schließlich gilt es, zu entscheiden und entschlossen ins Tun zu gehen.

Weisheit entsteht beim Gehen

Ich verstehe die persönliche Mission auch als Ausdruck wachsender Weisheit. Doch was ist Weisheit? Es ist eine »exzeptionelle Kompetenz (...), welche sich durch ungewöhnlich tiefe Einsicht in die Kreisläufe des Lebens, besonderes Wissen, eine herausragende ethisch-moralische Grundhaltung und das damit verbundene Handlungsvermögen auszeichnet.« Sie bewegt sich »in den Spannungsräumen zwischen Wissen und Intuition, Verstand und Gefühl, Reife und Kindlichkeit, Klugheit und Torheit, weltzugewandter Diesseitigkeit und Transzendenz«. [57] Dilip Jeste und Thomas Meeks von der University of California haben in einer Pionierstudie das Phänomen der Weisheit neurobiologisch erforscht. Obwohl die Definition von Weisheit ziemlich subjektiv sei, filterten sie eine Liste von Komponenten heraus, die nicht fehlen dürfen:[58]

- eine soziale Einstellung, die dazu befähigt, Allgemeinwohl dem Eigenwohl vorzuziehen
- praktisches Verständnis für Mitmenschen
- emotionale Stabilität des Selbst
- die Fähigkeit zur Selbstreflexion
- Sinn für die Relativität von Werten, Meinungen, Bewertungen sowie die Fähigkeit zur Toleranz
- ein wirksamer Umgang mit Ungewissheit

Die persönliche Mission sollte in diesem Lichte also zugleich *klar* und *beweglich* sein. Was auf den ersten Blick widersprüchlich erscheint, erschließt sich bei genauer Betrachtung als logisch: Dort, wo sich eine Mission blind verhärtet, wird sie zur stereotypen Obsession. Eine persönliche Mission muss stets im Austausch mit den Dynamiken der Umwelt stehen, sonst verliert sie ihre Bodenhaftung. Der konkrete Weg entsteht im Leben immer beim Gehen, auch wenn man eine klare Vorstellung hat, wohin die Reise zielt. Es gilt, sich mit den Potenzialen zu verbinden, die sich unterwegs zeigen, um so die schöpferische Schaffenskraft voll zu entfalten.

Die ethisch-moralische Dimension

Im Kontext politischer Glaubwürdigkeit erscheint mir wichtig festzuhalten, dass die *Klarheit* der Mission ein notwendiges, aber kein hinreichendes Kriterium ist. Die Geschichtsbücher sind voller Männer, die mit klarer Mission Unheil über die Menschen gebracht haben. Die persönliche Entschlossenheit muss sich auch an ethisch-moralischen Prinzipien messen lassen, wie es in der zitierten Definition von Weisheit schon angedeutet wurde. Auch hier liefert die Wissenschaft Unterfutter: Ohne sich auf die Erwartung ethisch begründbaren Verhaltens stützen zu können, schenken die Menschen langfristig kein Vertrauen.[59]

Die Orientierung an ethisch-moralischen Prinzipien erscheint dabei eher gewährleistet, wenn sich das politische Handeln stark *intrinsisch* – von innen kommend – motiviert: Der Politiker soll also Politik machen, weil sie für ihn eine positive Herausforderung darstellt, seine Interessen befriedigt und ihm Freude bereitet. Wo Politik überwiegend durch *extrinsische Motivation* gelenkt wird, leiden langfristig die moralische Legitimität und die Glaubwürdigkeit. Jener Politiker, der Leistung prioritär nur deswegen erbringt, weil er sich davon einen Vorteil verspricht wie zum Beispiel Geld oder Anerkennung, der korrumpiert sein Handeln.

Karriereopportunisten ohne Glaubwürdigkeit

Freilich schließen sich intrinsische und extrinsische Motivation nicht gegenseitig aus. Politiker können zum Beispiel eine hohe intrinsische Motivation zeigen, obwohl sie in Spitzenpositionen durchaus attraktiv für ihre Tätigkeit entlohnt werden. Auch hier ist die Welt nicht schwarz/weiß, sondern eben bunt. Doch scheint es offensichtlich, dass jener Politiker, der *nicht* in sich »geerdet« ist, Gefahr läuft, zur Marionette externer Einflüsse zu werden. Wer keine Mission im Sinne einer autonomen inhaltlich-strategischen Orientierung hat, ist gleichsam hilflos den mitunter destruktiven Dynamiken des politischen Systems ausgeliefert, wie sie bereits beschrieben wurden: Die Reizdichte und Komplexität der Alltagsrealität werden ihn in die Desorientierung führen. Er wird sich dem Diktat der medialen Verwertungslogik beugen und beliebig seine inhaltlichen Positionen wechseln, je nachdem, wie der Wind gerade bläst. Er wird Entscheidungen oder Unterlassungen vor allem von Meinungsumfragen abhängig machen. Er wird jene – mitunter unrealistischen – Versprechen abgeben, die ihm bei Wahlgängen Stimmen bringen. Er wird den zahlreichen moralisch fragwürdigen Verlockungen nicht widerstehen können, die sich auf dem Weg zeigen.

Ohne ernsthafte Mission bin ich ein *Politiker ohne Anliegen*. Die Ambition reicht in diesem Fall nicht über den Horizont der eigenen Karriere hinaus. Es regiert dann der pure Opportunismus. Solche Fälle gibt es in jeder Partei – wie auch in allen anderen Branchen. Problematisch für ein System oder eine Partei werden sie dann, wenn sie zahlenmäßig überhandnehmen. Eine Illustration dafür scheinen mir wiederum »Haiders Buberlpartie« und ihre Wegbegleiter zu sein – eine Truppe von glatten Karrieristen, die offensichtlich stets mehr sich und ihre Geldbörse im Fokus hatten als die ihnen anvertrauten Aufgaben. Die Meischbergers, Grassers und Hocheggers haben so den ihnen entgegengebrachten Vertrauensvorschuss missbraucht und – auch wenn es einige Jahre dauerte, bis ihr Egotrip offensichtlich wurden – ihre eigene Glaubwürdigkeit unwiederbringlich zerstört. Das Orakel von Delphi hätte ihnen den Weg gewiesen: Denn die zweite Inschrift neben dem Plädoyer »Erkenne dich selbst!« trug gemäß Überlieferung die Aufforderung: »Alles in Maßen!«

Die persönliche Vision als Leuchtturm

Ein Politiker – auch wenn er oft konkrete fachliche Zuständigkeiten (Ressortzuständigkeiten in der Exekutive, Ausschussmitgliedschaften in der Legislative) hat und in der Regel mit spezifischen Interessensgruppen enge Beziehungen pflegt – muss sich in den Dienst des Ganzen stellen. Dabei sollte er ein Bild vom Ganzen haben, eine inhaltliche *Vision*. Die zentrale Frage – neben dem »Wozu?« – lautet daher »Wohin?«. Die *Vision* ist ein konkretes Zukunftsbild; die Vorstellung eines Zustandes, den wir erreichen und leben wollen, bezogen auf eine spezielle Thematik oder die Gesellschaft als Ganzes. Da das Sinnkonstrukt *Vision* in der Regel von einer Gesinnungsgemeinschaft gemeinsam getragen wird, habe ich mich entschlossen, es im *Organisationalen Credibility Triangle* als zentrale Kategorie zu verankern. Detaillierte Ausführungen dazu folgen auf Seite 149.

Die persönliche Mission und Vision sind Orientierungs- und Sinnangebote für den Politiker selbst wie auch für die Bürger, in deren Dienst er sich stellt und denen er Rechenschaft schuldig ist. Sie nähren die Führungsqualitäten und die Glaubwürdigkeit des Politikers. Denn sie geben jene Energie, Standhaftigkeit und Gelassenheit, die ein Politiker benötigt, um das Boot durch das turbulente Gewässer der Politik zu schiffen. Konfuzius (ca. 551–479 v. Chr.) umschreibt es so:

Wer das Ziel kennt, kann entscheiden;
wer entscheidet, findet Ruhe;

wer Ruhe findet, ist sicher;
wer sicher ist, kann überlegen;
wer überlegt, kann verbessern.

Wir lieben authentische Geschichten

Wer auf einer soliden Mission und Vision aufbaut, der muss sich auch in der politischen Positionierung und Kommunikation nicht allzu viel verrenken. Natürlich ist es ungemein wichtig in einer medialisierten Demokratie, seine Botschaften richtig »rüberzubringen«. Die effektivste Ausprägung erfolgreicher politischer Kommunikation ist eine *stimmige Geschichte.* Die Menschen haben einander immer schon Geschichten erzählt. Und immer wurde dabei auch explizites und implizites Wissen weitergegeben und durch Zuhören aufgenommen. Die spannendsten Geschichten schreibt das Leben selbst. Und wer von solchen berichten kann, dem hören die Leute zu.

Barack Obama hat so eine spannende Story – die schwarze Version des alten amerikanischen Traums vom Aufstieg: Das Kind einer gemischten Ehe, die in Hawaii zu einer Zeit geschlossen wurde, als in anderen Teilen der Vereinigten Staaten eheliche Verbindungen zwischen Schwarzen und Weißen noch verboten waren. Teils in Indonesien aufgewachsen, die Mutter in ihren besten Jahren durch Krebs verloren, das politische Sensorium durch gemeinnützige Arbeit in armen Stadtvierteln geschärft, den Abschluss an der Harvard Law School magna cum laude vollzogen, Wählerregistrierungskampagnen für afroamerikanische Bürger in Chicago erfolgreich geleitet, in Überwindung zahlreicher Widersacher zum tatkräftigen Senator in Illinois aufgestiegen, beherzt Hillary Clintons Wahlkampftross in den demokratischen Vorwahlen überrannt und schlussendlich als erster schwarzer US-Präsident angelobt …

Dieser Lebenslauf »trägt«, sodass es dann auch glaubwürdig

ist, wenn dieser Barack Obama sich hinstellt wie am 5. April 2009 in Prag und in pathetischen Worten die Vision einer atomwaffenfreien Welt zeichnet. Ebenso berührend seine Grundsatzrede »A New Beginning« in der Universität Kairo am 4. Juni 2009, mit der er einen neuen Abschnitt in den Beziehungen zwischen den Vereinigten Staaten und der islamischen Welt einläutete. »Manchmal allzu nett, manchmal unverbindlich, aber in Teilen geradezu weise: US-Präsident Obama hat mit seiner Kairoer Rede den islamisch-amerikanischen Beziehungen eine neue Tür geöffnet – mit einer Mischung aus Inspiration, Realpolitik und Selbstkritik.« So resümierte damals der *Spiegel*.[60]

Natürlich ist zwischenzeitlich viel passiert. Das politische Wunder ist längst in den Mühen der Ebene angekommen. Barack Obama musste bei den Kongresswahlen im November 2010 eine schwere Schlappe hinnehmen. Die Entzauberung des Präsidenten hatte sich schon in den Monaten davor abgezeichnet. Sie ist einerseits der langsamen wirtschaftlichen Erholung der Vereinigten Staaten geschuldet. Andererseits ist es Obama während seiner bisherigen Amtszeit – im Gegensatz zu seinem Wahlkampf – nicht ausreichend gelungen, bei innenpolitischen Themen in einen stimmigen Narrativ zu kommen. Seine Gesundheitsreform beispielsweise brachte er den Bürgern mit 24 mehr oder minder technischen Punkten näher, was niemand so detailliert hören wollte. Er konnte damit nicht den Rahmen des Diskurses setzen. Der amerikanische Politikberater George Lakoff analysiert es treffend, wenn er meint: »Die richtigen Emotionen zu seinen Gesundheitsplänen hätte der US-Präsident wecken können, wenn er sich – wie im Wahlkampf – auf emotionsgeladene Werte besonnen hätte: Hätte er gesagt, dass Krankheit unfrei macht, wären die Republikaner sprachlos gewesen.«[61] Obama wird aus seinen Fehlern lernen und seine Chancen für die Präsidentschaftswahlen 2012 sind aus heutiger Sicht noch vollends intakt. Er hat, wie ich meine, den USA und der Welt einiges zu bieten – nämlich sehr Grundsätzliches.

Tatkräftige Zuversicht

»Yes, we can.« Dieses bereits legendäre Motto von Barack Obama ist Zuversicht in Worte gegossen. *Zuversicht* ist mehr als nur ein Wort. Sie ist auch mehr als gut gewählte Worte. Gemeint ist hier eine *grundsätzliche Haltung*.

Barack Obama hat mit seiner *Haltung der Zuversicht* die ganze Welt beeindruckt. Er hat damit – trotz aller Rückschläge und Unwegsamkeiten in seiner bisherigen Amtszeit – Themen verschoben und Sachverhalte verändert. Es handelt sich bei Zuversicht also keineswegs um ein Schaumschlägerwort esoterischen Zuschnitts, sondern um eine Frage der Essenz menschlichen Seins. Die Wissenschaft gibt hilfreiche Aufschlüsse.

Sind Glück und Zuversicht angeboren?

Seit gut zehn Jahren entwickelt sich in den USA ein wissenschaftlicher Denkansatz, der rasch für großes Aufsehen in der Forschung, in den Medien und in konkreten Feldern der praktischen Umsetzung gesorgt hat: die *Glücksforschung*. Das *Time Magazine* widmete ihr bereits 2005 eine Spezial-Ausgabe mit einer 42-seitigen Cover-Story. Der Held der Titelgeschichte: Martin E.P. Seligman. Er ist der Pionier der *Positiven Psychologie* und einer der bekanntesten Glücksforscher. Nach vielen Jahren der Depressionsforschung überkam ihn der Wunsch, sich fortan mit den *positiven* Erscheinungen der Seele zu befassen. Er wandte sich Fragen des Glücks, dessen Entstehungsbedingungen und Erscheinungsformen zu. Seine zentrale Frage lautet: Was ist Glück und wie lassen sich systematisch positive Zustände fördern?

Glück im Sinne der positiven Psychologie wird dabei als Zustand von tiefer Zufriedenheit und Zuversicht definiert, der sich primär davon nährt, dass man sich des Sinns des eigenen Lebens bewusst wird. Seligman definiert drei Ebenen des Phänomens Glück:

- Positive Gefühle wie Zuversicht, Optimismus, Vertrauen und Lebensfreude
- Engagement im Sinne der Bereitschaft und Fähigkeit zu Bindung, Mitgefühl, Menschenfreundlichkeit und Dankbarkeit
- Sinnvolles Leben: »Der Sinn des Lebens besteht darin, sich mit etwas Größerem zu verbünden – und je größer das ist, woran Sie sich halten, desto sinnvoller ist Ihr Leben.«[62]

Ist es nun eine Frage des angeborenen Charakters und der Persönlichkeitsstruktur, ob man glücklich ist und Zuversicht hat? Die Erkenntnisse der neurobiologischen Forschung sind hier eindeutig: Positive Gemütszustände können durch aktive Lebensgestaltung nachhaltig gesteigert werden. Seligman selbst erscheint dabei durchaus als authentischer Botschafter, outet er sich doch selbst als Pessimist, der gelernt hat, optimistisch zu denken.

Das tägliche Training

Es ist also zu empfehlen, seinen Alltag mitunter auch als persönliches Trainingslager einzurichten, um Optimismus zu leben. Dabei hilft es, beim Denken genauer zu beobachten und gegebenenfalls auch einzugreifen. Sollten wir merken, dass sich die Negativspiralen gedanklich in Gang setzen, gilt es, dem Positives entgegenzuhalten. Hilfreich ist dabei beispielsweise das

Kultivieren angenehmer Empfindungen in der Gegenwart. Die Möglichkeiten, die wir dabei Tag für Tag haben, sind vielfältig. So können wir uns etwa ein gutes Mittagessen gönnen oder – wie es Seligman eindrucksvoll empfiehlt – Dankbarkeitsrituale einbauen: z.B. einem Menschen mit einer kleinen Aufmerksamkeit unsere Dankbarkeit zum Ausdruck bringen. Glück im Moment zu erfahren unterstützt freilich auch den optimistischen Blick in die Zukunft.

Seligman stellt ein großes Forschungsprojekt vor, dessen Ziel es war, analog zur Klassifikation psychischer Störungen auch einmal eine *Klassifikation der Gesundheiten* zu schaffen. Die Fähigkeit zu Glück, Zufriedenheit und einem sinnvollen Leben beruhe dabei auf einer Reihe von Tugenden, die jeder Mensch entwickeln kann. Umfassende Untersuchungen führten in diesem Kontext zu folgenden Kerntugenden:

- Weisheit und Wissen
- Mut
- Liebe und Humanität
- Gerechtigkeit
- Mäßigung
- Spiritualität und Transzendenz

Die Glücksforscher können belegen, dass Menschen, die diese Tugenden besitzen, gesünder und länger leben. Diese Personen sind auch erfolgreicher im Beruf, zufriedener in ihren Partnerschaften und insgesamt glücklicher als andere.

Den einzelnen Tugenden ordnet Seligman konkrete Stärken zu. Der Tugend *Weisheit und Wissen* beispielsweise folgende:

- Neugier/Interesse für die Welt
- Lernfreude
- Urteilskraft/kritisches Denken/Offenheit
- Kreativität/Originalität
- Soziale/emotionale Intelligenz und Weitblick

Hier liegt auch der konkrete individuelle Ansatzpunkt zur persönlichen Weiterentwicklung: Diese Stärken können wir auf- und ausbauen; mit ihnen erlangen wir die Tugenden. *Positive Psychologie* bedeutet also insbesondere, seine Stärken und Fähigkeiten zu fokussieren. Sie steht damit ganz in der Tradition der nachhaltigen Stärkenorientierung (Strenghts-Based-Approaches)[63]. Diese postuliert, die eigenen Stärken zu identifizieren und in möglichst vielen Lebensbereichen einzusetzen, um ein glückliches, zufriedenes und authentisches Leben zu führen. Den Schwächen soll nicht zu viel Aufmerksamkeit gewidmet werden, um ihnen nicht zu viel Energie zu geben – entsprechend dem *Gesetz der Anziehung*: Energy flows where attention goes (Energie fließt dorthin, worauf wir unseren Aufmerksamkeitsfokus lenken).

Zwei Wölfe in meiner Brust

Mit Entschlossenheit und Gelassenheit sollten wir also die guten, positiven Seiten unserer Persönlichkeit unterstützen und fördern, damit die negativen nicht die Oberhand gewinnen. Es ist dies auch die alte indianische *Geschichte der zwei Wölfe*, die uns eine Schamanin im Rahmen eines Abschiedsrituals zu einem Ausbildungslehrgang erzählte:

Ein alter Indianerhäuptling und sein Enkel sitzen am Lagerfeuer. Der Junge will wissen, wie das mit dem Leben und seinen Abgründen sei. Der alte Häuptling erzählt: »In meiner Brust wohnen zwei Wölfe. Einer ist der Wolf der Dunkelheit, der Angst, des Misstrauens, der Verzweiflung und des Neides. Der andere ist der Wolf des Lichtes, der Liebe, der Lust und der Lebensfreude.« Da fragt der Enkel: »Und welcher wird gewinnen?« Der alte Indianer antwortet: »Der, den ich füttere!«

Es ist also offenbar die Haltung zum eigenen Leben und zum Leben überhaupt, die einen Zustand des Glücks erzeugt. Es geht um ein positives Selbst-, Menschen- und Weltbild. Ich halte diese Erkenntnisse der Glücksforschung deswegen für so entscheidend für die Glaubwürdigkeit in der Politik, weil ihre Verinnerlichung und tägliche Praxis nachhaltig eine positive Bewusstseinshaltung fördern. Diese Haltung der Zuversicht führt zu Präsenz, Selbstsicherheit, Vertrauen, Großzügigkeit und Wertschätzung. Sie lässt Glaubwürdigkeit wachsen. Eine solche Art der Aufgeschlossenheit wird es Politikern in vielen Sachfragen möglich machen, Chancen bewusst wahrzunehmen, die sie sonst nicht sehen würden. Und sie wird ihnen den Weg zu den Herzen der Menschen öffnen.

Verbundensein

Politiker sind Gärtner des Lebens. Sie bestellen *soziale Felder*. Neben einer tief wurzelnden Mission und Zuversicht hilft dabei nichts so sehr wie die grundsätzliche Liebe zum Leben. Diese ruft nach Wahrhaftigkeit im Sinne von Treue zu sich selbst. Natürlich ist es verdammt schwierig, diese Tugenden im hektischen Trubel und im Dickicht der Verführungen des politischen Alltags aufrecht zu erhalten. Vieles zerrt an den Politikern, sodass es eiserner Disziplin bedarf, in diesem Dschungel und diesem verletzenden Feld *Politik* wertschätzend, achtsam und wahrhaftig zu bleiben. Die schwierigen Umstände lassen den Politiker allerdings nicht aus der Pflicht – seine Aufgabe ist eine dienende. Und diese kann er, will er langfristig glaubwürdig sein, nur in einer Haltung der Achtsamkeit erfüllen.

Wenn Lügner über Lügner schimpfen …

»Wahrhaftigkeit und Politik wohnen selten unter einem Dach.« Dieses Zitat wird Marie Antoinette (1755–1793) zugeschrieben. Der Ausspruch der glücklosen Königin, die von der Französischen Revolution zum Schafott geführt wurde, deckt sich mit jenen Zuschreibungen, die ich in Gesprächen über Politik immer wieder höre. Ein Fallbeispiel: Kürzlich wühlte ich in einer Wellness-Oase voller Interesse in einem Korb mit Büchern. Als mich die Rezeptionsdame fragte, was mich so an den Büchern fasziniere, erzählte ich, dass ich gerade selbst eines schreibe. Auf die Frage, zu welchem Thema, meinte ich: »Über die Glaubwürdigkeit in der Politik.« Sie schaute mich irritiert staunend an – wie viele vor und nach ihr, denen ich davon berichtete – und meinte: »Also ein langes Buch kann das nicht werden. Das sind ja alles Gauner. Alles Lügner. Alles Falotten.«

Irgendwie verspüre ich in solchen Momenten den Impuls, auf die »unnötigen Politiker« mitzuschimpfen. Aber ebenso stark ist bei mir der Impuls, sie in Schutz zu nehmen. *Lügner* – sind wir das nicht alle? Permanent wird geschwindelt, gemogelt, geschummelt und geflunkert – von jedem von uns. Manche Kommunikationsforscher und Psychologen behaupten, dass wir um die 200 Mal am Tag lügen. Über diese Zahl wird unter Wissenschaftlern gestritten, doch in einem sind sich alle einig: Die Lüge ist ein Standard-Kommunikationsmuster und eine Art gesellschaftliches Schmiermittel. Ohne gekonntes Schwindeln würden unsere sozialen Systeme zusammenbrechen. Ich beobachte gerade, wie meine Kinder diese Fähigkeit des Lügens teils lustvoll, teils schmerzhaft lernen. Es geht darum, ihnen beizubringen, die abstruse Fönwelle der Nachbarin nicht öffentlich als »voll schiache Frisur« zu klassifizieren und den Mann in der Warteschlange an der Kasse nicht auf seinen »urgroßen Fettbauch« anzusprechen. Auch sollen sie das behinderte Kind, das am Tisch nebenan wild gestikuliert, nicht so anstarren, sondern maximal aus dem Augenwinkel heraus ihre Neugierde stillen. Jedoch ist es verboten, beim Verhandeln um das zehnte Gummibärli die Anzahl der bereits konsumierten Süßigkeiten hemmungslos nach unten zu korrigieren.

So viel zum Thema Wahrhaftigkeit – da soll sich noch einer auskennen!? Doch die Verwirrung währt bei den Kleinen nur kurz. Rasch entwickeln sie ihre Fertigkeiten im Beugen der Wahrnehmungen und Äußerungen und zeigen beeindruckende Automatismen. Die implizite und explizite Lüge wird bereits im Kleinkindalter zum Standard-Repertoire menschlicher Kommunikation – und bleibt es offensichtlich bis zum Tode: Wir wünschen freundlich »Guten Tag!« obwohl wir uns denken »Aus dem Weg mit dem mühsamen Kerl!«. Wir stellen Arbeitskollegen »interessierte« Fragen, obwohl wir ihre Antworten nicht hören wollen. Wir essen und loben Omas Suppe und unterdrücken den Ekel, den die zwei gefundenen Haare hervorrufen. Würde uns diese Fähigkeit zum Flunkern abhandenkommen, wäre es schlecht um unser Sozialleben bestellt. Der erste lügenlose Tag wäre der Auftakt in die soziale Isolation.

Keine Generalabsolution für verlogene Politiker

Wahrscheinlich sind Sie einverstanden: Wahrhaftigkeit ist ein hehres Ideal, dem wir Menschen nie ganz gerecht werden können. Ich habe diese These kürzlich im Rahmen einer Diskussion mit Studierenden über ein neues Politikverständnis aufgestellt. Zusammen mit dem Befund, dass wir eben alle Lügner sind. Ich bekannte, dass ich gelegentlich meine Frau beschwindle und mitunter meine Kinder anlüge. Dann waren wir kurz gemeinsam ratlos – die Studierenden, die sich über die verlogenen Politiker beschwert hatten, und ich, der Rufer nach

Wahrhaftigkeit: Wenn wir nun alle Lügner sind, ist also Lügen okay und allen verlogenen Politikern ist hiermit die Absolution erteilt?

Meine Conclusio nach reiflichem Überlegen ist: Lügen ist nicht gleich Lügen, sagt mir mein Gewissen. Die Wissenschaft stützt diesen Zugang, indem sie in ihrer Klassifikation beispielsweise unterscheidet zwischen sozialen Lügen, Notlügen, Zwecklügen, zwanghaften Lügen und verbrecherischen Lügen. Jenseits dieser Einstufungen erscheint mir wichtig, einen gleichermaßen pragmatischen wie ethisch hochstehenden Umgang mit dem eigenen Lügen zu finden. Den Weg weist auch hier die Geschichte mit den zwei Wölfen in unserer Brust: *Wahrhaftigkeit* und *Unaufrichtigkeit* – beide wohnen in uns. Wachsen wird jener Wolf, den ich füttere. Und das ist auch mein Anspruch an die Politik: dass sie nicht den *unaufrichtigen* Wolf füttern soll, sondern den *wahrhaftigen*. Für Ersteren gibt es ohnehin an jeder Ecke Futter; um den Zweiteren muss man sich kümmern, damit er nicht verhungert.

Wahrhaftigkeit als Faszinosum und politisches Kapital

Wahrhaftigkeit ist das *Verbundensein mit sich selbst*. Sie wendet sich stark nach innen. Sie lebt in der Beziehung des Menschen zu seinem eigenen Wesen. Sie bedeutet innere Klarheit und das freie Entstehen des Menschen für sich selbst. Wenn sie sich nach außen wendet, wird sie zum Ereignis. Gelebte Wahrhaftigkeit hat etwas Verwegenes, weil sie aus der Einzigartigkeit des individuellen Menschen erwächst. Begegnen wir diesem *Echten*, können wir uns dem schwer entziehen. Wahrhaftigkeit, dort wo wir sie beobachten, spüren oder erleben, wird zum sozialen Faszinosum. Darin liegt großes Potenzial für politische Tatkraft. Denn alles Innere (z.B. Werte, Gefühle, Kultur) und alles Äußere (z.B. Kompetenzen, Fakten, Strukturen) durchdringt sich stets gegenseitig. Gleichzeitig liegt darin immenses Kapital für die politische Kommunikation. Wahrhaftigkeit nach außen gewandt erzeugt Authentizität. Authentizität vermittelt Unmittelbarkeit. Unmittelbarkeit schafft Greifbarkeit. Greifbarkeit gibt Orientierung. Orientierung erzeugt Gefolgschaft. Gefolgschaft bedeutet Wählerstimmen.

Damit ist klar, warum Wahlkampfstrategen danach trachten, ihren Spitzenkandidaten möglichst authentisch zu inszenieren. Beruhigend ist, dass Authentizität weniger eine Inszenierungs- als eine Daseins-Kategorie ist. Langfristig übertrumpft das Sein immer den Schein. Wichtiger als das Marketingbudget ist also die Verbundenheit mit sich selbst. »Liebe dich selbst, dann liebt dich das Leben!« weiß der Volksmund. Das ist eine Aufforderung an uns, mit unserem ureigensten Ich in Verbindung zu gehen: mit unseren Gefühlen und Emotionen, mit unseren Wünschen und Träumen, mit unseren Talenten und Grenzen, mit unseren Energien und Bedürfnissen, mit unseren Erfahrungen und Erkenntnissen, mit unserer Vernunft und Intuition, mit unserer Vergangenheit und Zukunft, mit unserem Hier und Jetzt, mit unserem Körper und unserem Geist, mit den Schwingungen unseres Herzens und unserer Seele.

Die leidenschaftliche Liebe zum Leben

Wer solchermaßen *verbunden* ist mit seinen körperlichen, emotionalen, mentalen und spirituellen Quellen, der ist fähig, sich für die Welt zu öffnen. Und wer sich für die Welt öffnet, der wird über sich hinaus in Verbindung gehen – mit Informationen, mit der Natur, mit den Menschen, mit der Kraft der Sprache, mit sozialen Systemen und mit *dem Göttlichen*, das allem innenwohnt. Wer in dieser Verbundenheit wächst, wächst über sich hinaus. Er wird lebendig und auf eine Art und Weise schöpferisch tätig, die über ihn als Person hinausweist. Lebendigkeit zeugt Leben. Nie war es anders auf diesem Planeten.

Ins Politische übersetzt wird dabei eine großartige Fähigkeit genährt, die uns als Menschen innewohnt, nämlich *Empathie* – also die Gabe, uns in andere Menschen hineinzuversetzen und bei allem, was wir tun, die Konsequenzen für andere zu bedenken. Dies ist ein zentraler Schlüssel für unser Zusammenleben in Politik, Wirtschaft und Gesellschaft – ob auf lokaler, regionaler, nationaler oder globaler Ebene. Den Widerpart zum Egoismus bildet so unsere naturhafte Begabung als ein Wesen, das *auch* auf Kooperation, Solidarität und Mitgefühl ausgelegt ist. Wir haben als zentralen Antrieb – neben manchen Abgründen der menschlichen Existenz – die Orientierung auf gelingende Beziehungen eingebaut. Auf dieses Verständnis von *Verbundenheit* möchte ich die Politik einladen und verpflichten, denn wenn sie diese Verbundenheit verliert, dann verliert sie Integrität – im doppelten Wortsinn: sie verliert Vollständigkeit im Sinne von Unversehrtheit und sie verliert Rechtschaffenheit im Sinne von Anständigkeit.

Der »fromme« Einstein

Die Psychologie hat außer Streit gestellt, dass ein glückliches Leben für den Menschen wesentlich auch darin besteht, seine alltägliche Existenz in einen größeren Sinnzusammenhang zu stellen. Gleichermaßen ist es ein ureigenes Bedürfnis des Menschen, zu wachsen und wachsen zu lassen. Der deutsch-amerikanische Psychoanalytiker, Philosoph und Sozialpsychologe Erich Fromm (1900–1980) prägte den Begriff der *Biophilie* – die leidenschaftliche Liebe zum Leben und zu allem Lebendigen. Sie drückt sich in dem Wunsch aus, das Wachstum zu fördern, ob es sich nun um einen Menschen, ein Tier, eine Pflanze, eine Idee oder ein soziales System handelt. *Biophilie* ist für mich eine großartige Grundhaltung des Vertrauens. Sie ist eine *Ideologie des Verbundenseins mit sämtlichen Sphären unseres Daseins* und steht Pate für ein *ganzheitliches Politikverständnis*.

»Liebt dich das Leben? Das ist die wichtigste Frage, die wir uns stellen können«, soll einst Albert Einstein (1879–1955) gesagt haben. Der *biophile* Mensch, verbunden mit dem Strom des Lebens, hat darauf eine eindeutige Antwort.

Die Vitalität der Organisationen stärken

Über die Einbettung in machtvollen Systemen …

Politiker sind Experten für Veränderung. Der Kern ihres (idealtypischen) Berufsbildes heißt: Gestaltung. Sie sind damit Geburtshelfer des Neuen, Ingenieure der gesellschaftlichen Entwicklung und Promotoren des Wandels. Im Verständnis des modernen Veränderungsmanagements ist der Politiker also in der Rolle eines *Change Agents*, d.h. »ein Experte für die konstruktive Herbeiführung von Klärungen in Entscheidungs- und Konfliktsituationen sowie von Innovationen bzw. Neuerungen und Veränderungen.«[64] Was hier Wikipedia als Definition von Change Agent festhält, könnte eins zu eins in die Job-Beschreibung jedes Politikers einfließen.

Der Wandel, den Politiker begleiten und in spezifischen Bereichen führen, findet ununterbrochen und auf sämtlichen Ebenen statt: vom Individuum über Organisationen bis hin zur Gesamtgesellschaft als Netzwerk sozialer Systeme. Alle Sphären sind ständig im Umbruch. Entwicklung ist das Merkmal des Lebendigen. So wie der einzelne Mensch als Individuum von der Zeugung bis zum Tod in ständiger Veränderung lebt, so gilt dies auch für Organisationen und die Gesellschaft als Ganzes.

Wenn nun der Politiker die gesellschaftliche Entwicklung mit anführt, so ist er dabei auf personaler sowie auf systemischer Ebene gefordert. Meine bereits dargestellte Grundhypothese bezogen auf das Individuum lautet: Je reifer die Persönlichkeit eines Politikers ist, desto größer sind die Ressourcen, aus denen er für sein politisches Handeln schöpfen kann. Analog verhält es sich mit der systemischen Ebene: Je gekonnter und umsichtiger Politiker ihre Führungsaufgaben in Organisationen wahrnehmen, desto größer sind die Möglichkeiten dieser Organisationen, ihren Aufgaben effektiv und glaubwürdig nachzukommen.

Die Politik ist ein Dschungel

In meiner systemischen Weltsicht sehe ich Organisationen im Sinne sozialer oder soziotechnischer Systeme als *Lebewesen.* Wie auch individuelle Menschen haben sie ihre Eigengesetzlichkeiten und ihren Eigensinn. Wir können Organisationen kennen, wir werden sie aber nie ganz durchschauen. Das ist wie mit Ehepartnern: Selbst wenn man seinen Partner schon lange kennt, mag er immer wieder für Überraschungen gut sein. Mit liebevollem Blick entdeckt man an ihr oder ihm immer wieder neue Seiten. Menschen – aus Sicht der Systemiker *biologische Systeme* – und Organisationen als *soziale Systeme* sind eben keine »trivialen Maschinen«, deren Output auf Basis der Input-Relationen völlig berechenbar ist. Wir können nicht in sie hineinschauen. Sie bleiben für unseren menschlichen Verstand ein Stück weit eine »Black Box«, ein Mysterium.

Jenseits dieser abstrakt-wissenschaftlichen Sicht zeigte mir ein Workshop beim *Europäischen Forum Alpbach 2009* sehr eindrücklich, dass selbst so manche Politiker ihr System nicht für vollends durchschau- und planbar halten. Erfreulicherweise können sie aber trotz dieser Erkenntnis eine sehr positive und konstruktive Haltung zu ihrem Arbeitsfeld einnehmen. Ein kurzer Einblick in unser Alpbacher Treiben: 2009 war das Generalthema des Forums »Vertrauen«.[65] Unser Unternehmen organisierte dabei im Rahmen der *Wirtschaftsgespräche* einen Arbeitskreis zum Thema »Wirtschaft und Politik – zwei Systemlogiken. Kann das Vertrauen im Unterschied wachsen?« Wir hatten dafür Gabriele Heinisch-Hosek, die Bundesministerin für Frauenangelegenheiten und Öffentlicher Dienst, und Christoph Chorherr, Gemeinderat der Grünen in Wien und ehemaliger Bundessprecher der Grünen in Österreich, eingeladen. Als Vertreter der Wirtschaft waren der Vorstand eines Unternehmens aus dem Bankensektor und die geschäftsführende Eigentümerin eines metallverarbeitenden Betriebes mit an Bord. Die jeweiligen zwei Spitzenvertreter der Systeme *Wirtschaft* und *Politik* waren beauftragt, mit Filzbausteinen, Spielfiguren und Naturmaterialien ihr System nachzubilden. Die Bauwerke wurden dann im Kreis aller Workshop-Teilnehmer besichtigt und analysiert. Auf Basis von Gemeinsamkeiten und Unterschiedlichkeiten wurde in weiterer Folge nach Wegen gesucht, wie das wechselseitige Verständnis und Vertrauen gestärkt werden könnte.

Erstaunlich für manche Beobachter war, dass die zwei Politiker – obwohl unterschiedlicher Parteizugehörigkeit und persönlich zuvor miteinander nicht vertraut – beim Bauen von Beginn an recht viel Spaß miteinander hatten. Getrennt durch einen Paravent irritierte dies die Vertreter des Wirtschaftssystems, die es sogleich mit einem lautstarken (Vor-)Urteil kommentierten. Originalzitat: »Typisch, die Politiker hackeln (Anm.: österreichisch für »arbeiten«) wieder nichts, während wir von der Wirtschaft konzentriert bei der Arbeit sind.« Hoch originell waren auch die Bilder, welche die Bautätigkeiten hervorbrachten. Die Wirtschaft baute eine Art von Burg-Landschaft mit verzweigtem Wegenetz, während die Politik sich als Dschungel porträtierte. Auf die Nachfrage, ob sie das auch so empfinden in ihrem Alltag, meinten die Politik-Vertreter: »Ja, das ist so. Hinter jedem Baum lauert eine mögliche Überraschung. Es ist voller Leben und unüberschaubarem Dickicht …« Das Bild des Dschungels lässt sich bunt ausmalen – er ist der Innbegriff von Lebendigkeit und gleichzeitig Heimat größter Gefahren im Sinne von Fressen und Gefressen werden.

Hommage an die Buntheit des Lebens

Meine Arbeitskollegin Katrin Uhlik schildert in einem Blog zum Arbeitskreis ihre Eindrücke wie folgt:[66]

»Die Politik entschied sich für die Metapher des Dschungels, der von außen chaotisch anmute, weshalb er schwer erklärbar und ›die Erstannäherung immer schwierig‹ sei. Statt einem Machtzentrum gibt es mehrere, ähnlich einem Netzwerk: Aufgebaut und mit einem Fähnchen ausgewiesen wurden zum Beispiel Regierung, Verwaltung, Sozialpartner, Parteien, Lobbyisten, Interessensvertretungen, NGOs und Wirtschaft. Wobei die BaumeisterInnen erläuterten, dass dies nur ein Ausschnitt sei, weil ›Politik kein Ende hat‹. Bei der Präsentation des Bauwerks unterstrichen die ErbauerInnen, dass ›die Erwartung eines rationalen Zentrums in einer Demokratie nicht erfüllbar‹ sei und sie sich freuen, ›wenn vieles trotzdem geht‹. Am Rande des Dschungels fanden sich zwei den RepräsentantInnen der Politik sehr wichtige Symbole: Auf der einen Seite ein Schachtelhalm, an dessen Ende ein Luftballon hing und ins System zielte – damit sollte das ›ständig auftauchende Unerwartete, das völlig unterschätzt wird‹ dargestellt werden. Gegenüber fand sich eine kleine Sonnenblume, die den Wunsch der Politik ausdrückte, wärmende und orientierende Sonne für die Menschen sein zu können.«

Ich fand das beruhigend und großartig, dass hier führende Politiker live und öffentlich die Verabschiedung des mechanistischen Weltbildes zelebrierten. Das Bild des Dschungels – versus der vermeintlich transparent und rational durchstrukturierten Festung Wirtschaft – ist nicht nur auf Höhe der Zeit im Sinne wissenschaftlicher Einsichten, sondern ist auch Beleg für eine proaktive Zuwendung an die Buntheit des Lebens. Es zeugt meines Erachtens von hohem systemischem Verständnis und ist für mich ein sympathischer Umgang mit der Komplexität der Welt und der Verflochtenheit des politischen Alltags.

Der zwangsbeglückte Taxifahrer

In den landläufigen Diskussionen über Politik wird der Komplexität dieses Systems nicht Genüge getan. Das Systemverständnis des durchschnittlichen Bürgers befindet sich in etwa auf dem Niveau jenes sympathischen Taxifahrers, der mich vor einiger Zeit in Frankfurt vom Flughafen in die Innenstadt brachte. Über die Frage nach meinem Beruf kamen wir zu einer Diskussion über die Demokratie. Diese erlebt er primär als Einschränkung seiner Freiheit: »Stellen Sie sich vor – jetzt wird mir aufs Auge gedrückt, dass ich Kreditkarten akzeptieren muss hier im Taxi. Ich will das aber nicht, weil ich Cash will. Da habe ich keine Wartezeiten und muss kein Disagio zahlen. Aber ich muss das nun ändern. Wenn das Demokratie ist, kann ich darauf verzichten.« Das System frustrierte ihn auf sämtlichen Ebenen. Immerhin – bei der Frage nach Alternativen wurde er nachdenklich: »Na ja, … die hat ja auch nicht funktioniert.«

Der gute Taxifahrer fühlt sich so wie viele seiner Mitbürger nicht gut eingebettet in machtvolle Systeme, sondern von diesen bevormundet. Das sollte uns einerseits nachdenklich stimmen hinsichtlich einer zeitgemäßen Weiterentwicklung der Demokratie (z.B. moderne Ansätze der Partizipation), andererseits lehrt uns diese kurze Geschichte auch etwas über die Komplexität des Systems: nämlich dass diese so hoch ist, dass der Durchschnittsbürger kapituliert. Der Taxifahrer macht keine abwägenden Gedanken, wie solche Entscheidungen in Rückkoppelung mit den Entwicklungen der Zeit und seiner Standesvertretung ins Leben kommen und welche Logiken, Ziele und Nutzenkalküle dahinter stehen, sondern er macht den emotional-affektiven Abkürzer, dass er die Entscheidung nicht mag und daher das System »beschissen« ist.

Natürlich hätte ich dem Taxifahrer mit dem Ausspruch des ehemaligen österreichischen Bundeskanzlers Sinowatz kontern können: »Es ist alles sehr kompliziert.« Aber ich wusste, dass dies seinen Schmerz nicht lindern würde und stieg folglich etwas ratlos und nachdenklich aus dem Wagen aus. Doch nahm ich mir vor, eine Hommage an die Komplexität des politischen Systems zu schreiben und konkrete Handlungsanleitungen zu formulieren.

Die Erfolge der FPÖ und das Spiel der systemischen Kräfte

In den Systemen, in die wir als Menschen eingebettet sind, fungieren wir einerseits als Gestalter, andererseits als Platzhalter. Die systemischen Kräfte wirken durch uns, auf uns, um uns und in uns. Insofern ist es natürlich eine legitime Frage, ob das System eine Persönlichkeit prägt oder umgekehrt? Ich würde meinen, an beiden Perspektiven ist was dran. Dass die Personen die Geschehnisse prägen, das scheint landläufig bekannt zu sein. So lernen wir ja auch Politik – der Geschichtsunterricht ist eine Abfolge heroischer Siege und Niederlagen meist kriegerischer Männer. Die erstere Perspektive, nämlich dass das System die Person prägt, ist dagegen in unserem gesellschaftlichen Bewusstsein unterbelichtet, weil schwerer greifbar im Vergleich zur Personen-Fokussierung. Wir Menschen denken in Bildern. Systeme sind für das menschliche Hirn abstrakte Gebilde. Sie sind nicht in einem Bild fassbar. Und wenn ein System in unserer Wahrnehmung oder Erinnerung in Bilder zerfällt, dann sind wir auch schon wieder bei den Personen und deren Verhalten und Einwirkungen. Zur Illustration meiner These, dass die systemische Ebene prägender ist als die personale, möchte ich ein Fallbeispiel bringen:

Als Heinz-Christian Strache im April 2005 die Parteiführung der FPÖ übernahm und damit Jörg Haider beerbte, der mit dem Bündnis Zukunft Österreich (BZÖ) kurz davor eine eigene Bewegung gegründet hatte, glaubten viele, dass ihm diese Schuhe viel zu groß seien. Sein Talent würde nicht an jenes von Jörg Haider heranreichen, freuten sich viele Kritiker auf den Niedergang der Freiheitlichen. Doch heute steht H.C. Strache in Sachen Wahlerfolge schon fast dort, wo Haider in seinen guten Zeiten mit der FPÖ war. Ich behaupte, dass das mehr über die systemischen Kräfte aussagt, die hier wirken, als über die Person H.C. Strache. Ich halte diesen für durchaus talentiert, sehr ambitioniert und auch telegen. Aber das ist nicht zwingend der Grund für seinen politischen Erfolg, sondern im System ist hier derzeit einfach ein »Erfolgsplatz« gespeichert.

In Überhöhung dieser meiner Logik hat sich im sozialen Netzwerk *facebook* zu Beginn des Jahres 2010 eine Gruppe mit dem Namen *»Kann dieser seelenlose Ziegelstein mehr Freunde haben als Heinz-Christian Strache?«* gegründet. Abgebildet ist dort tatsächlich ein Ziegelstein als Anker für breite Solidarisierung. Mit Dezember 2010 haben sich hier mehr als 179 500 Fans mit »das gefällt mir« deklariert. Es ist wohl nicht so, dass all diese Menschen ihre Affinität zu Ziegelsteinen zum Ausdruck bringen wollten, sondern systemische Kräfte haben den Ziegelstein zum dem gemacht, was er hier in *facebook* ist. Genauso wie die Systemdynamiken eine perfekte Schuheinlage für H.C. Strache bildeten, so dass Haiders Schuhe ihm *nicht* zu groß waren. Er geht »wunderbar« darin. Jetzt sage ich nicht, dass man einen beliebigen Tanzbären oder Löschwasserhydranten in diese Haider'schen Schuhe stellen kann und dieser dann Wahlen gewinnen wird. Jedoch wird es ausreichend Menschen geben, die auf diesem »programmierten Steckplatz der Geschichte«, in diesem Hier und Jetzt unseres Systems, »funktionieren« würden.

Studierendenproteste, Stuttgart 21, Castor – dasselbe systemische Muster!

Wollte man die FPÖ in die Schranken weisen, müsste man im systemischen Spielmuster einiges ändern. Die FPÖ in die Regierungsverantwortung zu holen, wie es Wolfgang Schüssel im Februar 2000 tat, hielt ich deswegen für eine legitime Strategie. Erstens ist die österreichische Demokratie stabil genug, um jene Parteien in der Regierung zu verkraften, die vom Volk gewählt werden. Zweitens brachte die Regierungsbeteiligung der FPÖ ja tatsächlich unglaubliche Bewegung ins System. Ich will an diesem Punkt nicht bewerten, ob im guten oder schlechten Sinn, sondern mich auf das Studium der Systemdynamiken beschränken. Faktum ist: Wir sahen im System viel Veränderung. Das alte Spiel war für die FPÖ – und etliche andere Kräfte – vorbei, ein neues musste sich definieren. Mit Rückkehr der FPÖ in die Opposition sprang wieder alles ins traditionelle österreichische Systemmuster zurück. Das Land erlebt daher derzeit ein innenpolitisches Déjà-vu der 90er-Jahre. Die Menschen treten der großen Koalition zunehmend mit Frustration und Verachtung gegenüber und die FPÖ hat das Potenzial, bei den nächsten Nationalratswahlen – regulär 2013 – zur stimmenstärksten Partei zu werden. Es würde sich für die zwei ehemaligen Großparteien SPÖ und ÖVP also lohnen, über systemische Musterbrüche als Hebel der Gestaltung nachzudenken. Die

Entscheidung für Rot-Grün in Wien werte ich als Ergebnis solcher Überlegungen.

Was haben die Erfolge der FPÖ gemein mit den Hörsaalbesetzungen in Österreich und Deutschland im Jahr 2009 sowie den Stuttgart-21-Demonstrationen und den Castor-Atomtransport-Blockaden im Herbst 2010? Sie erwachsen auf Basis der gefühlten *Entfremdung von Politik und Bürgern.* Das Muster der Entfremdung ist dabei nicht nur dynamisierendes Moment, sondern auch bewusstes Kalkül. Die jeweiligen Protest-Anführer spielen damit mehr bewusst als unbewusst. Die Kampagnisierung und Emotionalisierung zielt exakt auf die Verstärkung dieses Musters ab, um so zu einer effektiven Ästhetik des Widerstands zu gelangen. Gerade auch die Professionalisierung im Verhältnis von Protestierenden und Medien bei allen hier erwähnten Protestbewegungen werte ich als Beleg dafür, dass es sich um durchgeplante Inszenierung handelt, die zwar aus spontanen Dynamiken entsteht, aber von jeweils gut organisierten Netzwerken gelenkt wird. Die Organisationsmechanismen sind dabei andere als die bisher bekannten – es sind nicht einzelne Organisationen wie z.B. konkrete Bürgerinitiativen oder etablierte NGOs, sondern flexible Netzwerkstrukturen unter führender Beteiligung von Organisationen *und* Einzelakteuren (mit dem neuen Wort »Wutbürger« trefflich charakterisiert), die sich exzessiv der Möglichkeiten des Web 2.0 bedienen und damit die staatlichen Institutionen für Recht und Ordnung mitunter alt ausschauen lassen.

Ich bin davon überzeugt, dass die nächsten Jahre weitere Protestbewegungen entlang dieser Dynamik der Entfremdung zwischen Politik und Bürger bringen werden. Die Spielarten werden dabei sehr fantasiereich sein. Die Ankündigung eines Bildungsvolksbegehrens für das Frühjahr 2011 durch Hannes Androsch beispielsweise ist so eine neue Spielart entlang dieses Musters der Entfremdung: Ein ehemaliger Finanzminister und führender Wirtschaftskapitän aus dem Lager der sozialdemokratischen Regierungspartei kündigt eine Massenbewegung an, um der Regierung Dampf zu machen. Sehr originell, nach den Maßstäben der bisherigen österreichischen Debattenkultur. Man darf also gespannt sein, welche Spielformen in den nächsten Jahren auf uns zukommen. Der Druck auf die etablierte Politik wird hier jedenfalls massiv ansteigen. Sie wird mit diesen Phänomenen einen anderen Umgang als bislang finden müssen.

Politik ist mehrdeutiger als Betriebswirtschaft

Fest steht also, dass Systemdynamiken Organisationen und Personen erst zu dem machen, was sie sind. Systemisches Verständnis sollte daher zur Grundausstattung politischer Karrieren gehören. Der Politiker agiert im Spannungsverhältnis zwischen Individuum und System. Außer Streit steht für mich dabei, dass Politik mit ihren vielen Widersprüchlichkeiten und Zielkonflikten eine komplexere Aufgabe darstellt als beispielsweise das Management eines privatwirtschaftlichen Unternehmens. Letzteres ist zweifelsohne extrem herausfordernd, dennoch findet es in einer relativ klaren Ausrichtung statt, da die zentrale Zielgröße der Gewinn ist. Die Politik hingegen ist nicht auf Gewinn, sondern in ihrer Betriebslogik auf Machtausübung, Machterhaltung und Machtausdehnung programmiert. Was dies im Konkreten bedeutet, lässt sich schwer in Zahlen oder anderen Schwarz-Weiß-Zeichnungen ausdrücken. Die Herausforderungen der Politik sind wesentlich weniger eindeutig als jene der Betriebswirtschaft; selbiges gilt daher auch für ihre Lösungsansätze.

Meine Leidenschaft als Autor richtet sich auf systemischer Ebene auf Fragen der organisationalen Entfaltung. Politik ist eine spezifische Ausprägung von *Organisationsentwicklung.*

Die Leistungsfähigkeit unserer gesellschaftlichen Institutionen ist heute mehr denn je im Fokus der öffentlichen Diskussion. Deren organisationale Erneuerung ist eine Mammutaufgabe, die weit über das tagespolitische Hickhack hinausweist. »Organisationen sind seltsame Gebilde. Sie nehmen viel unserer Zeit und Energie in Anspruch und beherrschen offenbar weitgehend unser Leben und Arbeiten (…) Doch Organisationen befinden sich selbst in der Krise, in der sie vielfach Hilfe benötigen. Selbst die mächtigsten Organisationen unseres Zeitalters, die erdumspannenden multinationalen Konzerne, haben eine durchschnittliche Lebenserwartung von lediglich 40 Jahren.« Das ist das Resümee von Claus Otto Scharmer, einem der weltweit führenden Organisationstheoretiker und -berater.[67] Wenn man diesen Befund in die Politik überträgt, dann müssten so manche Parteien in Angst und Schrecken verfallen, denn »ihre« 40 Jahre könnten schon bald vorbei sein.

Volksparteien ohne Volk

Faktum ist, dass unsere Volksparteien zunehmend ihres Volkes verlustig werden. Einstweilen verschmerzen sie es gut, weil die Machtaufteilungen (noch) zu ihren Gunsten funktionieren. An SPD und CDU/CSU führt vorerst kein Weg vorbei. Und SPÖ und ÖVP halten sich die Alpenrepublik weiterhin fein säuberlich rot-schwarz aufgeteilt, wie es in den Nachkriegsjahren vereinbart wurde. Doch werden diese Parteien ihre dominante Stellung verlieren, wenn die markante Desintegration, an der sie leiden, weiter fortschreitet. Die Zahlen sprechen Klartext: Während CDU und SPD bei den deutschen Bundestagswahlen in den 1970er-Jahren noch um die 90 Prozent der Stimmen auf sich vereinten, kamen sie 2010 gemeinsam nur mehr auf 56,8 Prozent. Die Zahl der Mitglieder von CDU (ohne CSU) und SPD ist seit den 70er-Jahren von 1,7 Millionen auf eine

Million gesunken, wobei 2008 die SPD hinsichtlich Mitgliederstand erstmals von der CDU überholt wurde. Von dieser Million an Parteimitgliedern sind fast die Hälfte über 60 Jahre.[68]

Ident ist die Entwicklung in Österreich verlaufen. Die in der zweiten Hälfte des 20. Jahrhunderts »demokratisch allmächtigen« Großparteien SPÖ und ÖVP kamen beispielsweise bei den Nationalratswahlen 1975 gemeinsam auf 93,3 Prozent. 2008 waren es nur 55,2 Prozent. Beide Parteien gerieren sich aber immer noch so, als wäre alles in guter Ordnung. Ihr umfassender Machtanspruch ist zwar historisch verständlich, doch aktuell eine Zumutung. Er steht in keinem Verhältnis mehr zur Vitalität ihrer Organisationen und wird sich daher auch mittelfristig relativieren müssen. Die Bürger spüren schon lange, dass da einiges nicht mehr zusammenpasst und reagieren darauf wahlweise mit kapitulativer Gleichgültigkeit, zynischer Resignation oder kämpferischer Aggressivität.

ÖVP-Mindset: Pragmatisierte Bauern und ignorierte Migranten

Die Anpassungsleistung an den Wandel der Zeit und an die Dynamiken des Umfelds ist eine permanente Aufgabe, die von den großen Volksparteien nicht ausreichend wahrgenommen wurde und wird. Wenn ich mir beispielsweise die Strukturen der ÖVP anschaue, dann wundere ich mich immer wieder, mit wie viel Strukturkonservativismus man überleben kann. Der Wandel der österreichischen Gesellschaft ist an der Aufbaustruktur dieser staatstragenden Partei zum Teil unbeeindruckt vorbeigegangen. Zwei exemplarische Diskrepanzen zwischen parteiinternen und gesellschaftlichen Verhältnissen: Der Bauernbund ist heute noch so mächtig repräsentiert wie vor einer Generation, während die Migranten-Communities in der Aufbauorganisation noch gar nicht vertreten sind.

Dabei ist der Anteil der Erwerbstätigen in der Land- und Forstwirtschaft im Zeitraum von 1984 bis 2010 von 9,1 auf 5,2 Prozent gesunken. An wirtschaftlicher Bedeutung hat der landwirtschaftliche Sektor noch stärker verloren. Gleichzeitig weist die *Statistik Austria* im Jahr 2009 – bei einer Gesamteinwohnerzahl von gut 8,2 Millionen – knapp 1,5 Millionen Menschen als Bevölkerung mit Migrationshintergrund aus (Zuwanderer der ersten oder zweiten Generation). 1980 gab es diesbezüglich noch keine Erhebungen, aber die Statistik des Bevölkerungsstandes berichtet von 3,74 Prozent Nicht-Österreichern, also Personen mit nicht-österreichischer Staatsangehörigkeit. 2009 hielt diese Gruppe bereits bei 10,5 Prozentpunkten. Die ÖVP befindet sich hinsichtlich ihres *Mindsets* jedenfalls noch stärker im Jahr 1980 denn im Jahr 2010. Mir ist schon bewusst – und ich hege als Bergbauernsohn dafür auch Sympathien –, dass die Mobilisierungskraft des Bauernstandes nach wie vor ein wichtiger Erfolgsfaktor für ÖVP-Wahlkämpfe ist. Doch kann eine moderne Volkspartei im Sinne einer sozialen Integrationspartei, will sie langfristig erfolgreich sein, nicht die Augen und Strukturen vor gesellschaftlichen Phänomenen verschließen, die längst im Zentrum der Gesellschaft angekommen sind.

Revitalisierung oder Untergang

Organisationen, die der Komplexität unserer Zeit nicht gewachsen sind, werden untergehen. Wenn ich bei politischen Konferenzen zu Gast bin, übermannt mich mitunter der Eindruck, dass so manche Partei und politische Institution im Bereich hilfloser Rituale angelangt ist. Parteitage verströmen diese Beklemmung mitunter besonders intensiv. Da fühle ich dann, dass diese Gebilde in einem teilweise kritischen Zustand sind. Gleichzeitig ist mir bewusst: Ohne Krise keine große Veränderung. Wobei eine manifeste, explizite Krise für unsere staatstragenden Parteien aktuell nicht zu verorten ist. Doch so ganz stimmig sind sie auch nicht mehr in den Augen der überwiegenden Mehrheit der Bürger. Dies wäre also der richtige Zeitpunkt, in die Erneuerung zu investieren – tiefgehende Innovation und kein oberflächlicher Marketing-Lack, wie es das gängige Reaktionsmuster ist. Jene Organisationen, die die Zeichen der Zeit nicht erkennen und sich nicht zeitgerecht einer Revitalisierung ihrer inhaltlichen Ausrichtungen, ihrer Strukturen und ihrer Organisationskultur widmen, für die kann es irgendwann auch zu spät sein. Oft geht es lange gut; dann rasch zu Ende. Die komplette Implosion der Democrazia Cristiana im Jahre 1993/94, nachdem sie über knapp 50 Jahre die italienische Politik dominiert hatte, ist dafür ein eindrucksvolles Anschauungsbeispiel.

Der evolutionsgeschichtliche Vorteil der Menschen ist ihre hohe Lerngeschwindigkeit und -kapazität. *Survival of the fittest* im Sinne der Evolutionstheorie gilt auch für Organisationen. Überleben werden jene, die sich am besten der sich veränderten Welt anpassen beziehungsweise diese integrieren. Politiker sollten daher danach trachten, die Organisationen, die ihnen anvertraut sind, zu *Lernenden Organisationen* zu machen: zu anpassungsfähigen, auf äußere und innere Reize reagierende Systeme. Anstelle von Abschottung, Rückzug, Resignation oder Widerstand geht es darum, Irritationen und Ereignisse als Anregung aufzufassen und für Entwicklungsprozesse zu nutzen.[69]

Die »Lernende Organisation« als Fitness-Programm

Eine *Lernende Organisation* ist idealerweise ein System, welches sich ständig in Bewegung befindet, um seine Wissensbasis und Handlungsspielräume an die neuen Erfordernisse anzupassen. Dem zugrunde liegen eine Offenheit und ein systemisches Verständnis, das ein innovatives Lösen von Problemen erlaubt und fördert. Mechanismen und Dynamiken, die derartige Lernprozesse auch für politische Organisationen unterstützen, sind insbesondere:[70]

- klare Visionen und inklusive – d.h. Vielfalt wertschätzende und integrierende – Zielsetzungsprozesse
- ausgeprägte Fähigkeit zur (Selbst-)Beobachtung und Prognose
- Unterstützung und laufende Integration neuer Ideen und Personen (v.a. durch die Führung direkt und durch permanente Personal- und Organisationsentwicklung sowie strukturiertes Ideen- und Innovationsmanagement)
- kontinuierliche Optimierung/Anpassung der Aufbau- und Ablaufstrukturen
- nachhaltige Einbindung wichtiger Akteurs- und Bezugsgruppen (z.B. Wählergruppen, Funktionäre, Mitarbeiter)
- hohe Prozessorientierung und -qualität in den Geschäftsabläufen
- gut funktionierende Informations- und Kommunikationssysteme
- laufendes Controlling und Anpassung der internen und externen Schnitt-/Nahtstellen
- Pflege des wechselseitigen Vertrauens und des Teamgeistes
- kultivierte Kooperations- und Konfliktlösungsfähigkeit
- Belohnung von Engagement und Fehlertoleranz insbesondere bei riskanten Vorhaben

Organisationaler Credibility Triangle

Wie im Vorkapitel beschrieben, halte ich ein mechanistisches Weltbild mit linearem Ursache-Wirkungs-Denken für überholt und plädiere für eine Weltsicht im Sinne eines ganzheitlichen Systemmodells. Dabei muss man in Kauf nehmen, dass wir nicht immer alles vollständig und komplett verstehen und beeinflussen können. Wenn wir nun durch Veränderungsprozesse navigieren, sind wir also im partiellen Blindflug. Es gibt Dynamiken, die sich unseren Sinnen und unserem Verstand nicht ganz erschließen. Wir können – und sollen – uns Gestaltungsziele in und für Organisationen setzen; wir können Erfahrungen sammeln und die Phänomene aufmerksam studieren; wir können mit Fachkenntnis und Intuition Annahmen darüber treffen, welche Ergebnisse unsere Interventionen zeitigen werden – wir haben jedoch zu keinem Zeitpunkt die volle Kontrolle. Die eigensinnige Verarbeitungslogik eines jeden Systems wird immer wieder für Überraschungen sorgen.

Politische Führung als kühner Anspruch

Ist unter den beschriebenen Bedingungen und Annahmen eine proaktive Führung von politischen Parteien oder gar von Staatsregierungen nicht ein verwegener Ansatz? Ja, es ist ein kühner Anspruch. Aber keinen anderen habe ich an die Politiker. Sie sind zur Gestaltung berufen. Es ist ihr Auftrag, gesellschaftlichen Wandel zu führen, Veränderung zu leiten, Entwicklung aktiv zu begleiten. Die Frage, wie gekonnt und umsichtig sie die ihnen anvertrauten Systeme führen, ist dabei von hoher Relevanz. Zentral ist in diesem Kontext, welche Konzeption von Systemen sie ihrer Arbeit unterlegen. Mit dem *Organisationalen Credibility Triangle* skizziere ich ein einfaches Modell, das Verständnis nähren und Handlungen leiten kann.[71]

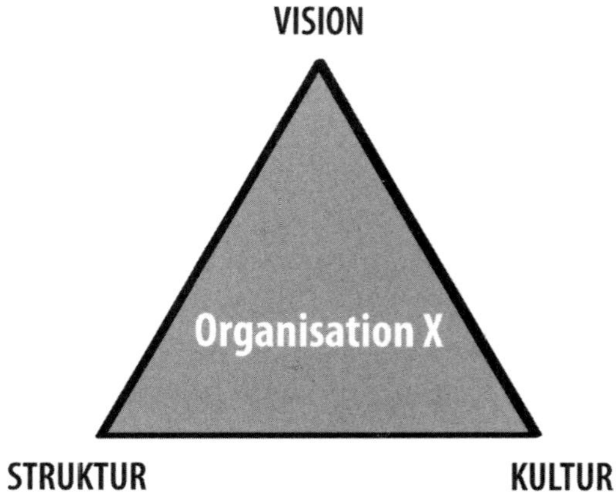

Organisationaler Credibility Triangle

Die politische Organisation als »Mobile«

Der *Organisationale Credibility Triangle* versteht sich als grobe Landkarte von Organisationen, die bei Gestaltungsprozessen in sozialen und soziotechnischen Systemen Orientierung geben soll. Sie weist mit den Polen *Vision – Struktur – Kultur* drei wichtige Sphären politischer Organisationen aus, die bei deren Gestaltung und Entwicklung besonders relevant sind. Alle drei sind stets in Bewegung – analog zu einem *Mobile*, das zur Unterhaltung eines Kleinkindes über dem Kinderwagen oder Bettchen montiert ist: Ziehe ich an einem Teil, dann versetzt dies das gesamte Gebilde in eine (ansatzweise rhythmische) Bewegung. Kein Teil für sich kann sich alleine verändern. Jede Intervention an irgendeinem Ort hat Implikationen im Sinne von Veränderung für das Gesamtgefüge und für jeden einzelnen anderen Teil.

So ist *das Leben* – in allen Bereichen. Als wir unser drittes Mädchen in recht kurzem Abstand zu ihren zwei Schwestern gebaren, meinten einige Bekannte amüsiert, dass wir ja eh schon Profis seien und ein drittes Mädel wohl nicht mehr den großen Unterschied mache. Doch weit gefehlt. Denn eines kann ich versprechen: Auch wenn Sie acht Kinder haben und es kommt ein neuntes dazu, dann wird nichts mehr so sein wie zuvor. Für jedes der acht Geschwister und die zwei Elternteile wird sich etwas verändern. Sie haben an einem Ort in diesem System *Familie* eine Intervention gesetzt und die Stoßwellen dieser Intervention werden durch das ganze System pulsieren.

Die komplexen Problemstellungen unserer heutigen Zeit lassen sich meist nicht erfassen und lösen, wenn man die Aufmerksamkeit nur auf ein Element richtet. Der Politiker als Gestalter von geplantem und gelenktem Wandel sollte immer sämtliche Sphären im Auge behalten. Jedenfalls sind alle drei Pole des *Organisationalen Credibility Triangles* relevant, wenn es darum geht, die Effizienz und Effektivität von Organisationen bei der Lösung ihrer Probleme und der Erreichung ihrer Ziele zu verbessern und ihre Glaubwürdigkeit zu steigern. Im Folgenden nehme ich eine »Vermessung« der drei Pole *Vision – Struktur – Kultur* im Bezug auf politische Organisationen vor.

Überzeugende Vision

Der ehemalige SPD-Bundesvorsitzende Franz Müntefering bereitet uns den Einstieg in dieses Kapitel. »Macht Politik«, rief er und schreibt:[72]

»Ohne Überzeugung liefert man sich der Beliebigkeit und Partikularinteressen aus. Dann erfüllt man vielleicht das Tagespensum – aber Orientierung, Richtung, Führung kann man nur geben, wenn man ein Bild hat davon, wie das Land sein soll, werden soll. Und führen muss die Politik. Sie muss sammeln und führen. Wer nur sammelt, dreht sich mit den Versammelten richtungslos im Kreis. Politik muss auch zeigen, wohin der Weg gehen soll und deshalb muss sie die Fahne voraustragen. Sie muss dabei aufpassen, dass die Versammelten die Fahne noch sehen und folgen können. Klar. Ohne grundsätzliche Orientierung aber wären Fahnenträger nutzlos.«

»Münte« hat recht. Politische Organisationen, allen voran Parteien, müssen ein Bild davon haben, was sie erreichen wollen. Ansonsten wabern sie als opportunistische Stimmenmaximierer durchs politische Feld. Das kann kurzfristig gut gehen, bei professioneller Marketing-Inszenierung mittelfristig funktionieren, aber wird langfristig die Glaubwürdigkeit der Organisation unterhöhlen. *Visionen* sind – auf lange Sicht – alternativenlose Orientierungs- und Sinnangebote für die Organisationsmitglieder und die Wähler.

Soll Politik vorangehen oder den Umfragen folgen?

Es ist ein alter Streit unter politischen Theoretikern und Praktikern, ob der Politiker so reden soll wie das Volk oder das Volk so wie der politische Führer. Soll der Politiker vorangehen, ungeachtet der Empfindungen des Volkes, oder soll er dem Volk »nachlaufen«? Ist es Auftrag der Politik in einer Demokratie, die (Mehrheits-)Vorstellungen des Volkes umzusetzen oder die Menschen von den eigenen Ideen zu überzeugen? In plakative Zuspitzung gebracht bedeutet es die Entscheidung, ob der Politiker seiner weltanschaulichen Vorstellung folgt oder den aktuellen Umfragen.

Ich plädiere hier für eine differenziertere Betrachtungsweise und für einen pragmatischen Zugang: Man muss nicht überall einen unversöhnlichen Gegensatz konstruieren, wo Ambivalenz im Raum ist. Mein Plädoyer ist das eines *Sowohl-als-Auch*. Freilich werde ich beim Erarbeiten eines politischen Kommunikationskonzepts oder einer Wahlkampfstrategie nie auf Meinungsumfragen als *eine* wichtige Planungsgrundlage verzichten. Doch soll das Ergebnis der inhaltlichen Ausrichtung sich nicht allein darauf beziehen. Wer seine Fahne unhinterfragt in den Wind hängt, der wird damit ohnmächtig den externen Kräften ausgeliefert sein. Die Politik kann sich hier was vom Segeln abschauen. Manchmal muss man erkennen, dass das eigene Ziel nicht »im Wind« liegt. Dann gilt es zu entscheiden, ob man seine Zielvorstellung verändert – auch andere Orte haben attraktive Häfen und politische Visionen entwickeln sich weiter – oder ob man auf seinen Zielkoordinaten bleibt. Im letzteren Falle ist es dann keine einfache Übung, aber sie gilt dem gelernten und erfahrenen Segler als reizvolle Herausforderung. Es gilt zu *kreuzen*, dem Ziel mit gekonnten Manövern näher zu kommen. Gerade dabei ist wichtig, dass der Segler die Winde und der Politiker die Befindlichkeiten des Volkes studiert, weil diese dann widerstrebende Kräfte und Verbündete zugleich sind.

Die Vision als das Herz der Organisation

Ich gehe davon aus, dass jeder von uns gewisse weltanschauliche Vorstellungen in sich trägt. Das ist zwangsläufiges Ergebnis unseres (Über-)Lebens und unserer Sozialisierung. Selbst ohne ideologische Schulung werde ich in Verdichtung meiner bisherigen Erfahrungen und Erkenntnisse ein Bild von der Welt entwickelt haben, das mein Handeln und mein Verhalten über weite Strecken lenkt. Insofern gibt es die politische Vision natürlich auch auf *personaler Ebene*. Wie verhalten sich die personale und die organisationale Ebene in diesem Kontext nun zueinander?

Ich habe mich entschieden, den Ansatz der *Mission* (Wozu?) stärker auf das Individuum zu wuchten und das Konzept *Vision* (Wohin?) stärker in der Organisation anzusiedeln. Freilich ist die persönliche Mission eng mit der persönlichen Vision verbunden. Beide werden, um effektiv ins Leben zu kommen, nach Gemeinschaft und Verbündeten suchen. Politik ist Kooperation, wie wir schon festgestellt haben. Die persönliche Mission wird sich idealerweise in einer Gemeinschaft entfalten; in dieser gleichsam aufgehen. Die individuelle Ebene transformiert sich so auf die systemische. So wie ich die *Mission* für einen Teil und Ausdruck der Seele des einzelnen Menschen halte, so betrachte ich die *Vision* als das Herz einer Organisation. Sie lenkt und treibt deren Handeln. Wie eine reife Persönlichkeit ihre tiefwurzelnde Mission kennt, baut die vitale Organisation auf ihrer tragfähigen Vision auf.

Einmal zum Mond und zurück

»Vision ist das Medium, das Glauben, Leidenschaft und Verbundenheit in eine Organisation trägt und zugleich ›erzeugt‹, da sie genau diese Dimensionen für ihre Wirksamkeit braucht«, so beschreibt es der Organisationsberater Herbert Schober-Ehmer.[73] Visionen, so ist er überzeugt, schaffen Synchronisationsprozesse, die höchste Energie und Zielgerichtetheit erzeugen. Wenn eine Organisation weiß, sie will unbedingt auf den Mond und zurück, dann können die größten Bedrohungen und Schwierigkeiten zwar ständig neue Strategien und Pläne erfordern, aber jede Kurskorrektur richtet sich auf den Mond aus. Das Apollo-Programm der NASA beschäftigte ca. 400 000 Menschen und kostete ca. 25 Milliarden Dollar, etwa 120 Milliarden Dollar nach heutigen Maßstäben.[74] Fazit: Am 20. Juli 1969 landeten die Amerikaner auf dem Mond. Apollo ist ein Gott der griechischen Mythologie, der als treffsicherer

Bogenschütze galt – ein gut gewählter Name für eine faszinierende Vision und ein gigantisches Vorhaben.

Die Parteien als spannungsbeladene Intermediäre

Politische Organisationen, allen voran Parteien, sind *soziale Integrationsveranstaltungen*. Sie haben in unserem System einen »Bündelungsauftrag«. Ihre Aufgabe in einer Demokratie ist es, Ideen, Überzeugungen und Werthaltungen zu formen und zu synchronisieren, auf dass politische Entscheidungen im Diskurs miteinander möglich werden. 82 Millionen Deutsche oder 8 Millionen Österreicher können sich nur gemeinsam entscheiden, wenn es *Intermediäre*, also Vermittler gibt, die gesellschaftlich relevante und konfliktbehaftete Themen aufbereiten und vorantreiben. Diese Vermittlerrolle übernehmen in unserer Demokratie Parteien. Freilich oft nicht zu unserer vollen Zufriedenheit; aber zweifelsohne sind sie unersetzlich in unserem politischen System.

Die (ideologische) Vision einer Partei ist dabei ein zentraler Leuchtturm, der Orientierung und Integration schafft beziehungsweise schaffen sollte – sowohl nach innen wie nach außen. Von der Vision leiten sich politische Ziele, Strategien und Maßnahmen ab. Sie ist damit ein zentraler Dreh- und Angelpunkt einer (politischen) Organisation. Dabei steht die Vision immer in einem vielfältigen Spannungsverhältnis. Exemplarisch eine Auswahl von drei Spannungsmomenten:

– Das Spannungsmoment 1 ist schon mehrfach angeklungen: Das machtbegründende Prinzip der Stimmenmaximierung und damit die Mehrheitssuche legt für Parteien nahe, dass neben der Vision auch die Befindlichkeiten des Volkes – vulgo Umfrageergebnisse – wichtige Orientierungspunkte sind. Wenn beispielsweise die Mehrheit der österreichischen Bevölkerung (54 %) denkt, dass uns die EU mehr Nachteile als Vorteile bringt, dann ist das zweifelsohne eine relevante Information.[75] Doch bleibt die Entscheidung offen, ob ich diese Haltung zur offiziellen Parteilinie mache oder nicht. Die Datenlage wird ein Spannungsfeld zu meiner Vision eröffnen, so in dieser verankert ist, dass das Land in einem vereinten Europa aktiv mitgestalten will.

– Das Spannungsmoment 2 hat etwas mit der Fuchsjagd zu tun: Im britischen Parlament gibt es sogenannte *Whips* (Einpeitscher). Sie sind vergleichbar mit den kontinentaleuropäischen parlamentarischen Geschäftsführern und haben zu gewährleisten, dass alle Abgeordneten zum richtigen Zeitpunkt ihre Hand heben. Die Bezeichnung leitet sich vom »Whipper-in« ab, einem Assistenten des Jagdherrn bei der Fuchsjagd. Er organisiert und fokussiert die Jagdhunde während des Jagdgeschehens. Tatsächlich eröffnet das *freie Mandat* des individuellen Abgeordneten eine spannungsvolle Beziehung zur Vision der Gesamtpartei: Wie lassen sich die persönlichen Vorstellungen der einzelnen Abgeordneten und deren Verhalten mit der Linie der Gesamtpartei synchronisieren? Jeder, der einmal so eine Orchestrierungsaufgabe wahrzunehmen hatte (ich machte die Erfahrung in einem Studierendenparlament), wird anschließend Sympathie und Verständnis für das mitunter garstige Instrument des *Klubzwangs* haben. Es gilt sicherzustellen, dass die Mitglieder der eigenen Partei bei Abstimmungen anwesend sind und so votieren, wie die Parteiführung es wünscht beziehungsweise wie es im Parlamentsklub (gemeinsam) entschieden wurde. Gleichermaßen gilt es zu verhindern, dass Mandatsträger im Rahmen dieser Praxis zum »unbeseelten Stimmvieh« werden (um eine weitere Anleihe in der Tierwelt zu nehmen). Führung – nicht nur in einer politischen Organisation – ist eine stete Gratwanderung zwischen Partizipation, Integration und Bevormundung.

– Als Spannungsmoment 3 in dieser kleinen Auswahl nenne ich die unglaubliche Fülle an Sachzwängen sowie die externen Interventionen und Dynamiken, die oft als Quasi-Sachzwang daherkommen. Die Vision wird sich immer an der konkreten Welt reiben. Sie ist eben ein Zukunftsbild, das noch nicht Realität ist. Der aktuelle Zustand regiert und der Sachzwang läuft mit dem Bild der Zukunft mitunter auf Konfrontation. Ein Beispiel: Die Vision lautet, den Talenten aller unserer Kinder optimal zur Entfaltung zu verhelfen. Das Faktum lautet, dass Bildungsarmut in Österreich nach wie vor stark vererbt wird. Arbeiterkinder sind an den höheren Schulen und in den Universitäten signifikant unterrepräsentiert und Migrantenkinder werden durch die aktuelle Strukturierung des Schulsystems zuhauf in Sonderschulen gesteckt. Der Schulalltag läuft nach wie vor so ab wie im 19. Jahrhundert – jeder Lehrer ist für sich ein Einzelkämpfer, Unterrichtsstunde folgt auf Unterrichtsstunde, fein säuberlich getrennt nach Fächern. Mit zehn Jahren folgt die Trennung in Begabte und Minderbegabte, wodurch die individuellen Bildungsbiografien zu früh und zu brutal verbogen werden. Die Missstände im Bildungssystem sind zahlreich, oft mit freiem Hausverstand erkennbar und durch unzählige Studien belegt. Die Bildungsministerin kämpft herzhaft für eine grundlegende Erneuerung des österreichischen Schulsystems, doch tragfähige Reformen waren mit dem Koalitionspartner bisher nicht zu machen. Leider befindet sich die ÖVP derzeit bildungspolitisch in Geiselhaft der taktischen Machtinteressen visionsloser Gewerkschafter und mindestens eines mürrischen Landesfürsten. Vizekanzler und Kanzler gehen unter dem Eindruck dieser machtpolitischen Sachzwänge regelmäßig in die Knie.

Über Postenschacher und besetzte Universitäten

Visionen sollen für eine neue Wirklichkeit begeistern, sie sollten aber eben auch nahe genug sein, damit die grundsätzliche Realisierbarkeit sichtbar ist. Sonst handelt es sich um Utopien. Natürlich lässt sich trefflich darüber streiten, was die Umsetzungschancen angeht. Einerseits hängt es von der Fantasie der Menschen und Organisationen ab, andererseits lässt sich beobachten, dass ganz wesentlich der Standort den Standpunkt bestimmt. Beispiel FPÖ/BZÖ: Hatte die FPÖ als Opposition lautstark protestiert, dass Postenbesetzungen im öffentlichen und halbstaatlichen Bereich völlig frei von politischer Einflussnahme zu erfolgen hätten, erwies sie sich in Regierungsfunktion als unverschämte Postenschacher-Partei.

Sehr weitläufig und ohne Realitäts-Check ausgestattet sind beispielsweise auch die Forderungen jener Studierenden, die die österreichischen Universitäten im Herbst 2009 besetzt hielten. Ihre Vision: jeder sollte gratis alles und so lange studieren können, wie er wolle, und der Staat habe dafür die Ressourcen bereitzustellen. Die SPÖ ist sich nicht zu schade, diese naive Vorstellung stets entzückt zu unterstützen und sie als Inbegriff des freien Hochschulzugangs abzufeiern. Diese sozialdemokratische Vision outet sich bei der Budgeterstellung aber regelmäßig als Lippenbekenntnis, da sie offensichtlich nicht imstande ist, budgetäre Fantasie zu entfesseln. Hier könnten sich Kanzler Faymann und Finanzminister Pröll ein Beispiel an Deutschland nehmen. Bundeskanzlerin Angela Merkel ist entschlossen, die Ausgaben für Bildung und Forschung bis zum Jahr 2015 auf zehn Prozent des Bruttoinlandsprodukts zu steigern. Auch wenn es sich aktuell noch an der Umsetzung spießt, erachte ich diese Weichenstellung als eine beeindruckende Übersetzung der Vision »Bildung ist unsere Zukunft«. Für Österreich wird die Bildungspolitik 2011 und in den Folgejahren jedenfalls eine zentrale Thematik, die auch über das Schicksal der Regierungskoalition mitentscheiden wird. Der öffentliche Druck auf konstruktive Bewegung wird immens hoch sein. Die Parteichefs wären gut beraten, ihren beiden Fachministerinnen für Bildung und Wissenschaft den Rücken für gemeinsame Lösungen zu stärken sowie die dumpfen und inhaltlich ignoranten Reflexe ihrer Parteizentralen zu unterbinden.

Vom Wert früher politischer Sozialisierung

»Reality strikes« war in unserer Hochschülerschafts-Clique der interne Code, wenn wir zur Kenntnis nehmen mussten oder bei anderen Fraktionen beobachteten, dass die hehren Ideale oder ideologischen Dogmen mit der Realität nicht in Einklang zu bringen waren. Besonders markant werden die Konfrontationen mit der Wirklichkeit bei stark ideologisierten Visionen. Hier spiegeln sich kleine und große Ironien des Lebens: Die linke Emanze, die stets die Befreiung und Unabhängigkeit der Frauen referierte, verliebt sich in einen Macho der alten Schule und wird für mehrere Jahre glückliche Hausfrau und Mutter. Der nationale Burschenschafter, der die deutsche Kulturgemeinschaft als Krone der Schöpfung verehrt und alles Fremde verbieten will, isst heimlich Kebab beim Türken nebenan. Und der marxistische Politikstudent landet bereits in der zweiten Karriereetappe in der Kommunikationsabteilung einer internationalen Großbank.

Für jemand, der selbst in politischen Organisationen engagiert war, ist es ein Leichtes, in persönlichen Begegnungen sehr rasch zu dekodieren, ob das Gegenüber auch politisch sozialisiert ist. Dazu bedarf es nicht derselben politisch-ideologischen Affinität. Es geht um *das Politische* an sich – ein gewisser »Stallgeruch« umweht den homo politicus. Das hat über politisch-inhaltliche Auffassungsunterschiede hinweg etwas Verbindendes. Es handelt sich um eine Akteurskaste im gesellschaftlichen

Gefüge: das eine »political animal« riecht das andere. Es ist dies für politisch nicht oder weniger interessierte Menschen oft schwer nachvollziehbar.

Ideologisierung in der jugendlichen Variante ist oft eine Art von Sturm-und-Drang-Phänomen, eine Form von Übertreibung als funktionale Dynamik der Identitätsfindung. Wer bin ich und wofür stehe ich ein? Wofür lohnt es sich zu kämpfen? Was gibt dem Leben Sinn? Ideologien bieten auf diese Fragen vorgefertigte Antworten und – für politisch interessierte Menschen – damit eine gute Identifikations- oder Projektionsfläche für die frei flottierenden Energien des jungen Lebens. In der Regel halte ich dies für hocherfreulich. Den schöpferisch-gestalterischen Mehrwert, der sich dabei für das Individuum und die Gemeinschaft entfalten kann, erachte ich für großartig. Könnte ich auswählen, ob sich jemand 30 Stunden in der Woche in die virtuellen Welten von *World of Warcraft* versenkt oder sich in dieser Zeit für die Verbesserung gesellschaftlicher Zustände einsetzt, fällt mir der Zuschlag nicht schwer. Natürlich kommt es auf das Anliegen an und auf die Art und Weise, wie man es verfolgt. Zudem macht die Dosis wiederum das Gift – bei World of Warcraft wahrscheinlich ebenso wie beim ideologisierten Kampf für eine bessere Welt.

Ideologisierung im Erwachsenenleben ist meines Erachtens anders zu beurteilen als im jugendlichen oder studentischen Kontext. Mit zunehmendem Alter binden sich die persönlichen Energien in Verantwortlichkeiten – vor allem in Beruf, Familie und privaten Leidenschaften aller Art. Im Wettbewerb um begrenzte Energie- und Zeitressourcen wird jeder die ideologisch motivierten Engagements damit auf eine harte Probe stellen. Ich beobachte, dass viele Personen, die in frühen Jahren politisch engagiert und in Organisationen eingebunden waren, dies in irgendeiner Form auch im Erwachsenen-Alter beibehalten. Manche wandeln ihre politische Ader in zivilgesellschaftliches Engagement im Rahmen von Vereinen und Non-Profit-Organisationen, andere bleiben stärker auf der politischen Schiene und engagieren sich in Parteien, Berufsvertretungen oder Interessenverbänden. In aller Regel bleiben sie dabei auch dem ideologischen Hinterland und den leitenden politischen Visionen treu, die sie in der Jugend hatten, wenngleich diese womöglich nicht mehr in so zwingenden und grellen Farben gemalt werden.

Weltanschauungen, Prothesen und Polarisierungsbrillen

Natürlich ist politischer Ideologisierung immer auch kritisch zu begegnen. Wer ein klares Weltbild hat und dieses auch seine Handlungen leiten lässt, der sollte auch bereit sein, seine Konzeption der Welt (an-)greifbar zu halten. Ideologie muss besprechbar sein; man muss sie hinterfragen dürfen und man soll sie auch selbst regelmäßig auf die Waagschalen des Lebens legen. Grundsätzlich gibt es wohl mehrere Bedeutungen des Begriffs *Ideologie*. Eine Klärung meines persönlichen Begriffsverständnisses erscheint an dieser Stelle sinnvoll. Ich präferiere in meinem Sprachgebrauch *Ideologie* als Synonym zu *Weltanschauung*: Eine Ideologie ist ein System von Ideen, Vorstellungen und Werturteilen, gleichsam die Summe meiner politisch-gesellschaftlichen Visionen und Zielvorstellungen. Jeder hat in diesem Sinne *seine* Ideologie. Ihr einen »Heimathafen« in einer zivilgesellschaftlichen oder politischen Organisation zu geben, erscheint mir dabei nicht zwingend, aber logisch. Wir Menschen sind als soziale Wesen auf Gesellschaft angelegt.

Kein Freund der Ideologie bin ich dort, wo sie zur reinen »Prothese« wird, weil es an sonstigen Strategien zur Daseinsbewältigung fehlt. Ideologie ist psychologisch gesehen natürlich auch eine Form der Komplexitätsreduktion; eine kognitive Vereinfachung, die insbesondere auch Ängste bindet. Einfache, klischeehafte Denkmuster sind »mentale Krücken«, die uns (Pseudo-)Sicherheit geben. Der Zukunftsforscher Matthias Horx beschreibt es in seinem »Buch des Wandels« sehr schön: »Polarisierungsbrillen, in denen alles in Schwarz und Weiß, Oben und Unten, Wahrheit und Verrat zerfällt, sind Teil eines Psycho-Immunsystems, mit dem sich unser Geist/Körper gegen Zumutungen und Überforderungen schützt. Wie mit allen Immunsystemen gilt auch hier: Sie können außer Kontrolle geraten. Ideologien, Fanatismus, Populismus ...«[76]

Karl Marx und die Erschaffung der Welt

Auch nicht befreundet bin ich mit dem Ideologie-Verständnis von Karl Marx. Er beziehungsweise seine Rezipierung hat den Ideologiebegriff ein Stück weit desavouiert. Marx betrachtet Ideologie als ein Gebäude, das zur Verschleierung und damit zur Rechtfertigung der eigentlichen Machtverhältnisse diene.[77] Groteskerweise wird dieser Vorwurf heutzutage oft auf seine – späten und spärlichen – Sympathisanten angewandt. Jedenfalls erscheint mir ein solches Ideologieverständnis nicht mehr zeitgemäß.

Der Konstruktivismus und die Quantenphysik lehren uns, dass wir die Wirklichkeit in unseren Köpfen und durch unser Verhalten mit erschaffen. Dies hat sich einerseits zwar durchgesprochen und in Ansätzen das Selbstverständnis des modernen Menschen durchdrungen, doch die Diskreditierung von Ideologie ist geblieben. Die Unterstellung, dass ein Standpunkt deswegen nicht stichhaltig sei, weil er auf politischer Ideologie basiere, ist oft geübte Praxis in politischen Diskussionen. Diese Argumentationslinie halte ich für fragwürdig. Meist hat sie auch nur zum Ziel, den eigenen Standpunkt als Ausfluss nüchterner Analyse der objektiven Wahrheit darzustellen. So sehr ich für faktenorientierte Politik bin und so sehr ich blinde ideologische Reflexe ablehne, so skeptisch werde ich, wenn evidenzbasierte Politik als moderner Komplett-Ersatz für Ideologie präsentiert wird. Da wittere ich seelenlose Technokratie. Die Herrschaft durch die Sachverständigen und die Gralshüter der wissenschaftlich-technischen Wahrheiten wäre aus meiner Sicht kein Fortschritt für die Menschheit, weil es diese absolut objektiven Wahrheiten eben nicht gibt.

Wer Ideologie grundsätzlich verabscheut, der negiert, dass es den Menschen nie ohne Ideologie geben wird. Jeder von uns braucht einen Kompass, um durch den reizüberfluteten Alltag zu navigieren. Ideologie ist dieser Kompass. Und wer ihn verbieten will, der kann ihn nur austauschen durch einen anderen Kompass, auf dem steht: »Ich bin kein Kompass.« So wie man – mit Grüßen des Konstruktivisten Paul Watzlawick (1921–2007) – *nicht* nicht kommunizieren kann (denn Schweigen z.B. ist auch eine Form von Kommunikation), so kann man auch *nicht* nicht ideologisch sein. Jeder hat seine Weltanschauung. Vielleicht hat der eine ein stärker implizites weltanschauliches Sammelsurium der Marke »Eigenbau« und der andere ist explizit in etikettierten Ideologiesystemen zu Hause. Aber kein Mensch mit klarem Verstand wird ohne eine Weltanschauung durchs Leben kommen.

Das Ende der Ideologien ist vorbei

Mehr Schuld an der Diskreditierung des Ideologiebegriffs als Karl Marx haben zweifelsohne all die schrecklichen Kriege, die vielfach im Namen der Ideologien geführt wurden. Millionenfacher Mord, Vergewaltigung, Vertreibung – alles unter dem Banner einer starken Vision. Der Krieg als Generalmobilmachung eines Volkes kommt nicht ohne das Instrument der Ideologisierung aus. Die Frage des »Wohin?« muss klar beantwortet sein, bevor die Truppen sich in Gang setzen und sich eifrig in die Schlacht werfen. Daran hat sich über all die Jahrhunderte nichts geändert.

Insofern erscheint es mir auch gut nachvollziehbar, dass sich nach dem Zusammenbruch des Sozialismus ein Reflex breit machte, der die Botschaft »vom Ende der Ideologien« verkündete. Der Kalte Krieg und seine grausamen Stellvertreterkriege waren endlich zu Ende. Die Vision einer friedlichen Entwicklung der Menschheit blitzte durch die Zeitgeschichte. Vielleicht könnte der ideologiefreie Mensch der bessere, friedvollere Mensch sein?

Doch weit gefehlt. Es wurde weder friedlicher noch ideologieärmer. Neue weltanschauliche Verirrungen halten die Menschheit in Atem. Sie lassen Flugzeuge in Hochhäuser krachen und konstruieren »Achsen des Bösen«. Auch die mancherorts gehegte Hoffnung, dass die freie Marktwirtschaft eine Form der halbwegs kultivierten, impliziten Weltregierung abgeben könnte, zerplatzte mit dem faktischen und moralischen Crash des Finanzsystems.

Aalglatte Profis für ideologiebefreite Politik

Auch auf nationaler Ebene hat sich gezeigt, dass die Apologeten der ideologiefreien Politik nicht die bessere Alternative sind. Ein letztes Mal muss ich in diesem Kontext meinem Ärger über das Politikverständnis und Verhalten des schon zitierten Karl-Heinz Grasser Luft verschaffen. Er ist ein hervorragendes Anschauungsbeispiel. Er liebte es, sich als neuer Typus des Politikers zu inszenieren: modern, smart, frei von ideologischem Ballast, rein der Sache und der objektiven Wahrheit verpflichtet. Des Öfteren betonte er in Interviews, dass er sich eigentlich gar nicht so sehr als Politiker sehe. Wohl wollte er einem negativen Image-Transfer vorbeugen, der sich aus der Glaubwürdigkeitskrise der Politik ergibt. Ich habe mich bei seinen »Politik-frei-Inszenierungen« dann stets gefragt: Was um alles in der Welt ist ein Finanzminister, wenn nicht ein Politiker?

Heute wissen wir mehr und haben auch eine Antwort darauf. Der charmante Profi war tatsächlich weniger Politiker als mehr egozentrischer, hedonistischer Profit-Maximierer in eigener Sache. Er hat den Informationsvorsprung, den er kraft seines Amtes hatte, oft ungeniert für seinen eigenen Vorteil genutzt. Seinem Gerechtigkeitsempfinden hätte es zweifelsohne gut getan, eine ideologische Erdung zu spüren. Wer aufrichtig in liberalen, sozial- oder christdemokratischen Werten und Visionen wurzelt, der kann sich nicht zu solchem Fehlverhalten versteigen. Für mich ist rätselhaft, dass ein Politiker vom Format eines Wolfgang Schüssel sich von dieser Inszenierung über Jahre blenden ließ.

Es sind diese Zeilen hier also auch ein Plädoyer für wertebasierte Politik und eine Sympathie-Kundgebung für Politik mit ehrlicher Vision. Freilich ist auch ein gesundes ideologisches Fundament keine wasserdichte Versicherungspolizze gegen Fehltritte in politischen Karrieren, aber es erhöht hoffentlich den Immunitätsgrad gegen mancherlei abwegige Verführung.

Plädoyer für eine »adaptive Vision«

Wenn ich hier für eine Renaissance der Ideologie werbe, so wünsche ich mir nicht den wütenden Kampf der Weltanschauungen, wie wir ihn im vergangenen Jahrhundert erlebten. Daher gilt es, die Ideologiekritik im Sinne von Karl Popper (1902–1994) ernst zu nehmen. Er kritisierte an der Ideologisierung des Menschen vor allem das dogmatische Behaupten absoluter Wahrheiten, die Tendenz zur Abschottung gegen Kritik, das Werben mit utopischen Harmonie-Idealen, das Propagieren von Verschwörungstheorien sowie die Behauptung von Werturteilen als Tatsachen.[78]

Ich plädiere daher für eine »adaptive Vision« – entlang Konrad Adenauers (1876–1967) Zitat: »Es kann mich niemand daran hindern, über Nacht klüger zu werden.« So wie wir schon im Kapitel über die reife Persönlichkeit die Fähigkeit zur Selbstreflexion, den Sinn für die Relativität von Werten, Meinungen, Bewertungen und die Fähigkeit zur Toleranz sowie ein wirksamer Umgang mit Ungewissheit als Komponenten von *Weisheit* festgehalten haben, so erachte ich es für wichtig, dass Organisationen ihre Vision nicht dogmatisch versiegeln. Wenn es stimmt, dass wir die Welt mit unserem Denken und Tun selbst miterschaffen, dann wird es so sein, wie es der römische Schriftsteller Aulus Gellius (ca. 130–180 n.Chr.) einst erkannte: »Die Wahrheit ist eine Tochter der Zeit.« Ich meine dies nicht im Sinne einer leicht zynischen Umdeutung von Wahlversprechen, wie sie nach den Nationalratswahlen 1999 vom damaligen ÖVP-Klubobmann Andreas Khol verwendet wurde, um die Ankündigung seiner Partei wegzuwischen, als drittplatzierte Kraft in Opposition zu gehen. Es geht vielmehr darum, wahrzunehmen und sich damit zu verbinden, was in der Welt um einen herum geschieht und daraus angemessene Schlüsse zu ziehen.

Vision als Prozess

Manche schreien bei jeder Bewegung in den visionären und programmatischen Grundlagen von politischen Organisationen »Verrat«. Das erscheint mir unzulässig. Visionen entwickeln sich, wenn man ihnen Raum und »Nahrung« gibt. Nahrung besteht in inhaltlichen Impulsen – vor allem *von außen*. Weise politische Führer lassen das zu. Sie wissen, dass *Vision* mehr ein endloser Prozess ist denn ein Zustand.

Politische Institutionen haben neben der gestaltenden Rolle auch einen dienenden Auftrag. Deshalb erscheint es legitim und wichtig, sich ein Stück weit auch vom Wähler und von den Dynamiken der Zeit führen zu lassen. Tatsächlich finden in politischen Organisationen laufend visionäre Umdeutungen statt. Ein fast schon vergessenes Beispiel: War die österreichische Sozialdemokratie noch in den 80er-Jahren über weite Strecken eine Verfechterin des Staatskapitalismus, so ist sie dies im Jahre 2011 authentisch nicht mehr. Das war wohl kein Verrat an Grundsatzpositionen, sondern eine evolutionäre Weiterentwicklung einer Weltanschauung und eine zeitgemäße Interpretation grundlegender Werthaltungen.

Alles Leben ist Wandel. Ich finde es gut, wenn die Politik als Lehre aus den tragischen Erfahrungen des 20. Jahrhunderts dem Utopischen entsagt. Ich bin für Entwicklung statt für Revolution. Letztere fraß noch immer ihre Kinder und hat sich am Ende meist selbst verraten. Ich bin für den Wandel in überschaubaren Schritten. Dies gilt auch und insbesondere für die Leuchttürme im politischen Feld – die Visionen unserer Parteien.

Visionäres Vakuum und neue Leuchttürme

Die Parteien in Deutschland und Österreich investieren nach meinem Dafürhalten viel zu wenig in die Visions- und Grundlagenarbeit und in die langfristige Vermittlung von Wissen und Positionen. Die visionären Leuchttürme scheinen stillgelegt. Sie wurden durch oberflächliches Marketing ersetzt. Es regiert die folgenschwere Verwechslung von taktischer Manövrier-Hektik mit strategischer Erdung. Unverhältnismäßig mehr Ressourcen werden in die kurzfristige Inszenierung von Tagespolitik investiert statt in die nachhaltige Entwicklung politischer Langfristperspektiven. Es gibt wenige Politiker, die ihre Handlungen davon leiten lassen, wie sie ihr Land in zehn Jahren gerne sehen würden. Die meisten scheinen diesbezüglich nicht einmal eine klare Vorstellung zu haben.

In Deutschland wird das visionär-strategische Defizit teils noch kompensiert durch die breit gestaltete und hochvitale Landschaft an Stiftungen, die wertvolle Think-Tank-Arbeit leisten. In Österreich wird die fehlende inhaltliche Grundsatzarbeit der Parteien teils durch die *Braintrusts* der Sozialpartner und die breite Ministerialbürokratie wettgemacht. Doch auch diese Institutionen sind zunehmend infiziert vom Virus der kurzfristigen Verwertungslogik oder sie dienen engen Partikularinteressen.

Nachhaltiges Politikverständnis und das Gemeinwohl haben in diesen Zeiten offensichtlich wenig Verbündete. So versprüht meiner Wahrnehmung nach beispielsweise die programmatische Arbeit des *Ökosozialen Forums* – eine überparteiliche Plattform mit gut zehn hauptamtlichen Mitarbeitern – mehr Vitalität und Tiefgang als die politischen Abteilungen beider österreichischer Regierungsparteien zusammen. Auch die Parteiakademien fallen nicht durch inhaltlich-strategischen Sog oder Druck auf. Sie werden primär als Service- und Veranstaltungsorganisationen genutzt. Es ist höchste Zeit, dass sich unsere Parteien wieder stärker als Ideen- und Denkfabriken begreifen, um jene Kapazität zu entwickeln, die sie für die Befeuerung ihrer visionären Leuchttürme brauchen.

Können die Parteien das herrschende visionäre Vakuum nicht befüllen, dann werden andere Kräfte Leuchttürme errichten – die Wirtschaft, die Unterhaltungsindustrie, die Religionen, die Zivilgesellschaft … Denn eines bleibt unverändert über allen Wandel der Zeiten hinweg: Visionen sind der erste Schritt der Transformation des Geistigen ins Materielle, sie sind die Verwirklichung der Zukunft im Gegenwärtigen. Um es mit Victor

Hugo (1802–1885) zu sagen: »Nichts auf der Welt ist so mächtig wie eine Idee, deren Zeit gekommen ist.«

Schlussbemerkung: Wer nicht definiert, der wird definiert. Also ganz im Sinne von Müntefering: Macht Politik! Sonst macht sie jemand anderer!

Vitale Strukturen

Wechseln wir vom *Vision*-Pol auf den *Struktur*-Pol, ist es hilfreich im Hinterkopf zu behalten, dass wir uns in einem Mobile bewegen. Die zwei Pole sind vielfältig miteinander verflochten. Geschehnisse auf einem Pol bleiben nicht ohne Konsequenzen auf dem anderen. Zur Illustration: Wenn ich das Defizit an Visions- und strategischer Grundlagenarbeit in unseren Parteien bemängele, dann hat das auch stark mit strukturellen (Nicht-)Zuständen zu tun. Strukturen setzen den Rahmen für konkrete Handlungen oder unterbinden solche. Wachstum und Entwicklung brauchen ein strukturelles Gefäß, um ins Leben kommen zu können.

Programmarbeit als Lackmustest für das Organisationsverständnis

Ich widme mich nachfolgend den *strukturellen Aufgabenstellungen* für Parteien anhand des Beispiels der Visionsentwicklung. Visionen entstehen durch Kommunikation und sie erzeugen Kommunikation. Erst durch eine Unzahl von strukturierten Diskursen kann ein visionärer Leuchtturm wie »Freiheit – Gleichheit – Brüderlichkeit« oder »Yes, we can« gebaut werden. Steht er einmal, dann ist er der Nukleus von Wachstum. Er erzeugt Kommunikation und Wirklichkeit in vielfältiger Weise.

Visionsarbeit im »Partei-Speak« bedeutet in der Regel politische Programmarbeit. Parteiprogrammprozesse haben das Potenzial, inhaltliche und organisationale Innovationsschübe einzuleiten. In Zeiten großer Veränderung bieten solche Prozesse auch die Chance, soziale Integrationskraft zu beweisen und den gesellschaftlichen Wandel nachhaltig in der eigenen Organisation abzubilden. Parteiprogrammprozesse sind jedenfalls mühsam und in ihrer archaischen Breite passen sie nur schwer in unsere modernen Zeiten, die den kurzfristigen Verwertungskontext und die mediale Logik dem Bohren dicker Bretter vorziehen. Programmarbeit wird somit auch zum Lackmustest für das Organisations- und Prozessverständnis der jeweiligen Parteispitze. Hier das Fallbeispiel ÖVP:

Wolfgang Schüssel hatte sich nach meinem Empfinden als Bundeskanzler und ÖVP-Chef dazu entschlossen, im Macht- und Institutionen-Dreieck *Regierung – Partei – Parlamentsklub* der Parteiorganisation den dritten Platz einzuräumen. Das hatte natürlich strukturelle Folgen: Es kam zu einer schleichenden strukturellen Ausdünnung der Parteizentrale. Energie und Aufmerksamkeit wurden entzogen beziehungsweise gingen verloren. Die personellen Kapazitäten wurden eher lieblos gepflegt und entwickelt. Die Einbindung der Parteiorganisation in das politische Geschäft wurde nicht forciert. Allein die Kampagnenfähigkeit der Partei, die es für Wahlkämpfe zu stärken galt, wurde als wichtig angesehen. Als inhaltlich-visionärer Sparringpartner wurde die Bundesparteizentrale über die Jahre marginalisiert. Wolfgang Schüssel ist allerdings zugute zu halten, dass er selbst wusste, wohin er wollte. Sein Leuchtturm über mehr als zwei Jahrzehnte lautete »Weniger Staat, mehr privat«. Diese Maxime setzte er dann als Bundeskanzler auch konsequent um.

Bei den Nationalratswahlen am 1. Oktober 2006 fiel die ÖVP hinter die SPÖ zurück. Es war dies ein Schock für den Regierungschef und seine Partei. Als Konsequenz aus der Niederlage übernahm der bisherige Klubobmann Wilhelm Molterer die Parteiführung und ging als Vizekanzler an Bord der nun SPÖ-geführten Regierung. Weiters wurde der damalige Landwirtschafts- und Umweltminister Josef Pröll zum Leiter der *ÖVP-Perspektivengruppen* bestellt, die 2007 Vorschläge für eine Neuausrichtung der Partei ausarbeiten sollte. Während Wilhelm Molterer die strukturelle Marginalisierung der Partei nicht entschlossen genug rückgängig machte – wie er sich insgesamt, obwohl persönlich beherzt, von Schüssels Linie zu wenig emanzipierte –, war das Perspektivenprojekt engagiert im breit und offen organisierten Diskurs unterwegs. Dabei wurden überraschend liberale Positionen erarbeitet, ohne die konservativen Wurzeln der Partei zu vergessen.

Perspektivenprojekt ohne Nachhaltigkeit – eine bewusste Fehlkonstruktion?

Wie schaut die Bilanz knapp drei Jahre danach aus? Durchwachsen, würde ich meinen. Die Perspektivengruppen halfen der Partei in schwierigen Zeiten punktuell aus der Defensive und trotzdem ist substanziell nicht viel geblieben. Wie kam es dazu?

Das Perspektivenprojekt wurde mediengerecht verkündet und marketinglogisch abgeschlossen. Dazwischen wurde teils ordentlich gearbeitet, teils gekonnt inszeniert. Es mangelte jedoch an Wahrhaftigkeit und Nachhaltigkeit. Es war meines Erachtens mehr ein Marketingprojekt als ein echtes Ringen um inhaltliche Positionen; mehr ein Machtspiel als eine vertrauensstiftende Auseinandersetzung. Exemplarisch möchte ich diesen Befund an drei Beobachtungen festmachen:

1 Die Teilnehmer in den einzelnen Arbeitsgruppen waren nicht darüber informiert, worin die Perspektivengruppen

münden würden. Den meisten Beteiligten war wohl ihr inhaltliches Anliegen als Anker für die Mitarbeit so wichtig, dass sie diese Form der prozessualen Beliebigkeit seitens der Projektleitung akzeptierten. Ob sie im Nachhinein ihre Beiträge als wertvoll aufgehoben betrachten, wage ich zu bezweifeln.

2 Der Abschluss im Rahmen einer Großveranstaltung im Ernst-Happel-Stadion im September 2007 war ein gelungenes Happening, aber auch ein jähes und fragwürdiges Ende. Der rasche Abschluss ging auf Kosten der Substanz. Die Papiere der Arbeitsgruppen wurden kurz davor zentral »frisiert« und das politische Fazit wurde »ex cathedra« vom Parteiobmann Molterer gemeinsam mit dem Perspektivenchef verkündet. Dies war in meiner Wahrnehmung ein zu rabiater Bruch mit der Beteiligungsidee, mit der das Projekt um Mitarbeit geworben hatte.

3 Das Blitzlichtgewitter beim Abschlussevent markierte auch schon den Schlusspfiff. Keine Nachspielzeit. Ein Follow-up war nicht vorgesehen. Auf eine weiterführende Einbindung der beteiligten Personen wurde verzichtet. Für diese Integrationsleistung fehlte der Partei offensichtlich die Fantasie, die Kraft oder der Wille. Das taktische Projekt *ÖVP-Perspektiven* war quasi-erfolgreich heruntergebogen, medial abgefeiert und »endlich vorbei«.

Fixe Räume für Freiräume schaffen

Die vorgezogenen Neuwahlen am 28. September 2008 schickten die ÖVP auf einen historischen Tiefstand in der Wählergunst (25,98 Prozent). Der Perspektivenchef Josef Pröll übernahm von Willi Molterer die Parteiführung und die Funktion des Vizekanzlers. Er verordnete der Partei 2009 einen umfassenden Programmprozess, um einen inhaltlichen und organisationalen Innovationsschub einzuleiten. Das Projekt kam 2010 etwas zaghaft in die Gänge und ist insgesamt auf mehr als zwei Jahre angelegt. Ernsthaftigkeit und Erfolgswahrscheinlichkeit dieses Vorhabens sind noch nicht abschließend zu beurteilen. Mitunter habe ich aber den Eindruck, dass Marketingmaßnahmen im Stile der gut gelungenen Castingshow »Österreich sucht den Superpraktikanten« der Parteiführung mehr Herzblut abringen als die Beschäftigung mit der Zukunft des Landes. Allerdings – die Karawane ist noch unterwegs und ein Resümee in diesem Sinne noch unzulässig. Der Abschluss des Parteiprogrammprozesses ist für 2012 geplant.

Fraglich ist, welche Lernerfahrung die ÖVP aus dem Perspektivenprojekt mit in den Parteiprogrammprozess nimmt. Sicherlich hat die Parteispitze einen anderen Blick auf die Geschehnisse als ein Außenstehender. Was meines Erachtens im Perspektivenprozess an Lernerfahrung offensichtlich wurde und für die Ausleuchtung unseres Struktur-Pols im *Organisationalen Credibility Triangle* relevant ist:[79] Nachhaltig erfolgreiche Großprojekte brauchen ein starkes Commitment seitens der Führungsspitze sowie ein intelligentes und aufrichtiges Prozessdesign. Dazu gehört, dass der Rahmen klar definiert wird. Es geht darum, *fixe Räume für Freiräume* zu schaffen. Ein eindeutiger Handlungsrahmen definiert das Ziel des Vorhabens, den Ablauf, die Zeitschiene, die Rollen, die Verwertung und das Follow-up. Die Einhaltung des fixierten Rahmens nährt dabei die Glaubwürdigkeit, die wiederum Integrationskraft schafft. Nur in klar definierten – und damit u.a. vor der kurzfristigen Verwertungslogik geschützten – Räumen kann tragendes Neues entstehen. Verbindlichkeit ist Trumpf, auch wenn sie mitunter den kurzfristigen taktischen Handlungsspielraum der politischen Spitzen einengt.

Prozesse als Integrationsleistung

Politische Partizipationsprozesse auf der Höhe der Zeit sollten über die traditionelle Funktionärsdelegation, hippe Events und das Abhalten konventioneller Arbeitsgruppen hinaus gehen. Die bewusste Entscheidung für Irritation ist wichtig. Es geht darum, Orte und Werkstätten der Zukunft zu ermöglichen, in denen Mikrokosmen des Neuen entstehen – durch entdeckendes Tun und schnelle, zyklische Lernprozesse. So kann man – um mit Otto Scharmer zu sprechen – »Landebahnen für die Zukunft« bauen.[80] Innovation in postmodernen Gesellschaften entsteht oft in der Peripherie. Beispielsweise wurde der Niedergang der DDR nicht vom SED-Zentralkomitee eingeläutet, sondern in einer evangelischen Kirche in Leipzig. Peripherien an Bord zu holen bedarf innovativer Ansätze der Beteiligung. Web2.0-Instrumente werden hier ebenso eine Rolle spielen wie moderne Formen der glaubwürdigen Großgruppenarbeit (z.B. Open Space) sowie die Einbindung wohlwollender Communities und Kritiker ohne aktuelle Strukturanbindung.

Eine politische Organisation kann mit sorgsam entworfenen und geführten Prozessen beweisen, dass sie fähig ist, verschiedenste relevante *Stakeholder* (im Sinne von Bezugs- und Interessengruppen) in produktive Dialoge zu bringen – z.B. Migranten mit der Mehrheitsbevölkerung, Senioren mit Jugendlichen, Stadt mit Land. Vernetzte Welten bedürfen des Aufbaus gemeinsamer Wahrnehmungs-, Denk- und Handlungsräume. Der deutsche Soziologe Max Weber (1864–1920) definierte Politik als das »langsame Bohren dicker Bretter mit Leidenschaft und Augenmaß«. Programmarbeit beispielsweise ist so ein dickes Brett, ein Stakeholder-Dialog auch. Beides sind keine dünnen Leisten, die sich rein für politische Dekorzwecke eignen. Es geht um die Kultivierung sozialer Felder und um hochkomplexe soziale Interventionen. Es geht auch darum, die politischen Organisationen – dies gilt nicht nur für die Parteien – viel stärker von der Wählerseite her wachsen zu lassen. Hier könnte man von der Wirtschaft lernen, deren Organisationen vielfach begriffen haben, sich stark vom Markt her führen zu lassen.

Struktur ist Trumpf

Wer Struktur als das essenzielle Unter- und Überwerk für die Entfaltung der Vision und der Menschen in einer Organisation begreift und nicht als bloße Waffe, notwendiges Übel oder Hemmschuh, der hat plötzlich eine zusätzliche Trumpfkarte in der Hand. Denn ein solches Verständnis bedingt die Einsicht, dass Struktur ein wertvoller, gestaltbarer Hebel ist.

Nach Max Weber sind die drei wichtigsten Qualitäten eines Politikers:[81]

1 sachliche Leidenschaft
2 Verantwortungsgefühl
3 ein distanziertes Augenmaß

Diese Qualitäten sollten Politiker auch auf strukturelle Fragestellungen in jenen Organisationen anwenden, in denen sie Macht und Verantwortung tragen. Es gilt, den Scharfsinn für Fragen der proaktiven Organisationsentwicklung zu fördern:

- Wie entwickeln wir gemeinsame Visionen und tragende Zielvorstellungen?
- Wie bauen wir eine vitale, leistungsfähige Organisation?
- Wie sieht eine zeitgemäße Aufbau- und Ablauforganisation aus, die Effizienz und Effektivität gewährleistet?
- Wie gestalten wir unsere Management-, Stütz- und Geschäftsprozesse?
- Was bedeutet prozedurale Integrität und Nachhaltigkeit konkret für uns?
- Wie übersetzen wir Prozessverantwortung und -kompetenz in unserem Alltag?

- Über welche Kanäle und in welchen Arenen kommunizieren wir intern und extern?
- Wie optimieren wir unsere Schnitt- beziehungsweise Nahtstellen?
- Wie greifen die Substrukturen, z.B. die föderalen Verästelungen, ineinander?
- Wie organisieren wir Kooperation?
- Wie verbinden wir uns mit unserem Umfeld und mit Partner-Organisationen?
- In welche Netzwerke wollen wir uns wie einbetten?

Dringend sticht Wichtig

Mit solchen Fragen, wie hier formuliert, sollten sich politische Führungskräfte beschäftigen – tun sie es nicht, so handelt es sich um eine tragische Unterlassung. Diese findet wohl meist deswegen statt, weil es sich beim Gestalten von Strukturen um ein mühevolles Unterfangen handelt. Die Antworten auf die obigen Fragen gibt es nicht »von der Stange«, sie sind maßzuschneidern, da jede Organisation einmalig ist. Es ist also ein aufwändiges und langwieriges Vorhaben. Daher konzentriert man sich dann doch lieber wieder auf Kurzfristiges und Dringliches – davon gibt es in der Politik bekanntlich genug.

In der Entscheidungsmatrix zwischen *Dringend* und *Wichtig* sticht in der der Politik leider oft das Dringende. Einsichten in die Realität politischer Organisationen legen nahe, dass Struktur-Fragen ein stiefkindliches Dasein fristen. Die Politik ist ein extrem strukturkonservatives Feld, und planvolle, nachhaltige Investition in strukturelle Sphären findet nur spärlich statt. Selten begreifen die verantwortlichen Führungskräfte die ihnen anvertrauten Organisationen als strukturelle Gestaltungsaufgabe. Dabei wären sie gleich einem Gärtner aufgefordert, dem Gebilde laufend Form zu geben. Tun sie es nicht, entstehen immer mehr unattraktive Ecken und Nischen in »ihrem Garten«. Dies hat zur Folge, dass die Output- und Integrationskapazität leidet und sich die Menschen in Scharen abwenden.

Wählkämpfe als struktureller und emotionaler Ausnahmezustand

Strukturfragen in politischen Organisationen, jedenfalls in Parteien, treten fast ausschließlich im Kontext von Wahlgängen in den Vordergrund. Da wird plötzlich geklotzt. Die Verbindlichkeit gegenüber der prioritären Machtlogik gebietet, dass alle Ressourcen auf die Wahlauseinandersetzung fokussiert werden. Das nimmt dann brachiale Dimensionen an. Sind Wahlen angesagt, reihen sich sämtliche Fragestellungen in einer Partei hinter das Ziel der Stimmenmaximierung. Es handelt sich um einen ablauftechnischen und emotionalen Ausnahmezustand. Die gesamte Organisation fokussiert sich auf diesen punktuellen »Point of Sale«, also den Wahltag, an dem »ihr Produkt« beziehungsweise ihr Leistungsoutput »gekauft« oder abgewählt wird. Das ist auch verständlich und angemessen, denn gewissermaßen steht dabei die Zukunft der Organisation zur Disposition. Dennoch geht es mir als Berater in politischen Projekten oft so, dass ich mir etwas von dieser konsequenten Zielorientierung, dieser mächtigen Energiefülle und diesem entschlossenen Enthusiasmus auch für die Zwischen-Wahlzeiten wünschen würde. Dort verschwinden diese Phänomene mitunter nämlich komplett.

Andererseits: Es ist, wie es ist. Wer politische Organisationen erfolgreich führen und gestalten will, der muss um diese Spezifika des Feldes Bescheid wissen, sie auch annehmen und gezielt mit ihnen arbeiten. Ja, es herrscht das Primat der Machtmaximierung in politischen Organisationen. Das ist ihr Wesen.

Und der wahlbedingte Ausnahmezustand ist daher zyklische Normalität. Explizite Veränderungsprozesse vor allem auf der strukturellen Flanke müssen unter Berücksichtigung beziehungsweise idealerweise in Fokussierung dieser organisationalen Verdichtungspunkte »Wahlen« ausgerichtet werden. Auf weitere (kulturelle) Spezifika des politischen Feldes werde ich im Folgekapitel zu sprechen kommen.

Mein abschließendes Fazit: Planvolle und nachhaltige Investitionen in die eigenen Strukturen stärken nicht nur die Leistungsfähigkeit einer Organisation, sondern auch ihr Selbstbewusstsein. Und gerade das haben politische Organisationen heute bitter nötig. Sie leiden nämlich neben der strukturellen Vernachlässigung auch daran, dass sie – vor allem in der Außenwahrnehmung – als unattraktiv gelten.

Attraktive Kultur

Die Attraktivität von Organisationen ist wesentlich auch eine Kulturfrage. Die Organisationskultur ist jenes weitläufige Geflecht, in welches das soziale System eingewoben ist. Sie birgt viele Facetten:

- Welche Werte, Traditionen, Regeln, Glaubenssätze und Haltungen leiten unser Denken und Handeln?
- Welche formalen und informellen Spielregeln herrschen in unserer Organisation?
- Wie ist der Umgang miteinander?
- Welchem Macht-, Führungs- und Kontrollverständnis sind wir verpflichtet?
- Wie kommunizieren wir? Wie kommen Entscheidungen bei uns zustande?
- Wie gestalten wir die Beziehungen im Kreise der Mitarbeiter sowie zu unserer Außenwelt?

- Wie gehen wir mit Konflikten um?
- Welche Geschichten erzählen wir uns in unserer Organisation?
- Welche Mythen und Symbole faszinieren uns?
- Welchen Glaubenssätzen folgen wir?
- Welche Rituale und Routinen begleiten uns?

Sämtliche Aktivitäten in einer Organisation sind durch ihre Kultur gefärbt und beeinflusst. Edgar H. Schein, einer der großen Wegbereiter des Forschungsfeldes der Organisationskultur, definiert letztere als »ein Muster gemeinsamer Grundprämissen, das die Gruppe bei der Bewältigung ihrer Probleme externer Anpassung und interner Integration erlernt hat, das sich bewährt hat und somit als bindend gilt; und das daher an neue Mitglieder als rational und emotional korrekter Ansatz für den Umgang mit Problemen weitergegeben wird.«[82] Stark verkürzt kann man den Begriff der Organisationskultur auch auf den einfachen Nenner bringen: »This is how we do things around here.«[83]

So und nicht anders!

Diesen Appell oder Disziplinierungsansatz hören wir in Organisationen öfter: »So machen wir das hier!« Mitunter kommt dieser Zuruf als apodiktischer Hinweis darauf, dass es stets so war und immer so bleiben wird. In der Wissenschaft gibt es unterschiedliche Positionen zur Frage, ob und wie Organisationskultur gestaltbar ist. Mein Standpunkt ist hier eindeutig: Ja, sie ist veränderlich und daher gestaltbar. Freilich, Organisationskultur ist ein immens komplexes Phänomen und lässt sich nicht mit drei entschlossenen Griffen drehen. Es gibt in diesem Kontext keine linearen Wirkungsketten im Sinne von: ich möchte jetzt beispielsweise die Leistungsorientierung meiner Organisation stärken und werde daher eine schriftliche Anweisung diesbezüglich hinausgeben. So geht das genau *nicht*. Wikipedia beschreibt es trefflich: »Organisationskultur entsteht durch die geteilten Erfahrungen der Belegschaften und ist nur sehr langsam gezielt zu verändern. Zudem beeinflussen soziale und wirtschaftliche Rahmenbedingungen sowie die Struktur und die Strategie der Organisation deren Kultur.«[84]

Hier sind wir also wieder in unserem Mobile *Vision – Struktur – Kultur*. Intervenieren wir in einem Pol, kommen die anderen selten akkurat in jener Art und Weise in Bewegung, wie wir es erwarten würden. Das bedeutet aber nicht, dass wir jedes bewusste Intervenieren unterlassen sollen. Ganz im Gegenteil. *Führung muss stören*, sie muss daher intervenieren. Es geht darum, die Selbstwahrnehmung der Organisation immer wieder herauszufordern, sie kontinuierlich zu erzeugen beziehungsweise zu stärken. Daher ist es – aller Unberechenbarkeit der Verarbeitungslogik sozialer Systeme zum Trotz – nicht als beliebig zu sehen, *wie, wo und wann* ich interveniere.

Chronos oder Kairos?

Die Altgriechen kannten zwei verschiedene Zeitbegriffe. Während *Chronos* das metrische Zeitverständnis von Stunden und Tagen beschrieb, war *Kairos* die Lehre vom *richtigen Zeitpunkt*. Lässt man letzteren verstreichen, so kann es nachteilig sein. Ist allerdings die Zeit noch *nicht* reif, so mag mitunter jedes Mühen umsonst sein. Kairos als Gott der günstigen Gelegenheit, der besonderen Chance und des rechten Augenblicks wurde von den Griechen als blühender Jüngling mit geflügelten Schuhen dargestellt, dem eine Haarlocke in die Stirn fällt, während er am Hinterkopf nur spärlich Anzeichen von Haarwuchs erkennen lässt. Die Redewendung »Die Gelegenheit am Schopf packen« weist heute noch auf diese Vorstellung hin.

Wenn die Gelegenheit vorbei ist, lässt sie sich am kahlen Hinterkopf nicht mehr fassen. Dementsprechend bezeichnet man in der Psychologie die Angst davor, Entscheidungen zu fällen, als *Kairophobie*.

Gerade für politische Führungskräfte erscheint es mir wichtig, dass sie keine *kairophobischen Tendenzen* zeigen. Sie sind aufgrund der hohen Termindichte ohnehin schon mit Chronos tendenziell auf Kriegsfuß. Daher sollten sie zumindest ein gutes Verhältnis zu Kairos pflegen. Dabei gilt es unter anderem, den reifen Zeitpunkt für Investitionen in die Kulturflanke der eigenen Organisation zu erkennen und dann entschlossen zu handeln. Grundsätzlich empfehlen sich Zwischenwahlzeiten dafür, da in solchen das strategisch-taktische Moment nicht so drängt.

Zu starken Veränderungen im kulturellen Tiefengewebe einer Organisation kommt es meist nur dann, wenn die Organisation existenziell bedroht ist. Zu empfehlen ist allerdings, auch in »Friedenszeiten« an der steten Weiterentwicklung des kulturellen Selbstverständnisses zu arbeiten. Leider zu selten wird Organisationskultur als wirkmächtiges und gestaltbares Phänomen begriffen. Viele Führungskräfte verkennen, wie der Einzelne mit der Gemeinschaft verwoben ist und welch großer Hebel die Organisationskultur für die kollektive Normierung des Verstandes und des Verhaltens der Menschen darstellt.

Ein Universum tut sich auf

Dabei lässt sich ein kultureller Fokus leicht mit inhaltlich-strategischer Arbeit verbinden. Um dies zu veranschaulichen, möchte ich ein Instrument vorstellen, das wir für die identitätsstiftende Grundlagenarbeit mit Parteien genauso nutzen wie für die Aufbereitung der strategischen Positionierung von Spitzenpolitikern: *das Markenuniversum*. Dabei kombinieren wir die betriebswirtschaftlichen Ansätze des *Zentralen Leistungs-*

versprechens und der *Unique Selling Proposition* mit dem organisationssoziologischen Konzept der *Kernwerte.*

Das Markenuniversum unterstützt Organisationen oder Individuen in der Beantwortung folgender Fragen:

- *Zentrales Leistungsversprechen*: Was ist unser Versprechen an unsere Ziel-/Wählergruppen? Für welche Leistung stehen wir?
- *Unique Selling Proposition (USP):* Was in unserem Wesen und Tun ist das herausragende *Alleinstellungsmerkmal*, mit dem sich unser Angebot für die festgelegten Zielgruppen von Mitbewerbern abhebt? Was ist einzigartig an uns, womit für unsere Zielgruppen ein Vorteil verbunden ist?
- *Kernwerte:* Was sind unsere Vorstellungen über Eigenschaften und Qualitäten, denen das Denken und Tun in unserer Organisation verpflichtet ist? Was sind unsere handlungsleitenden Werte?

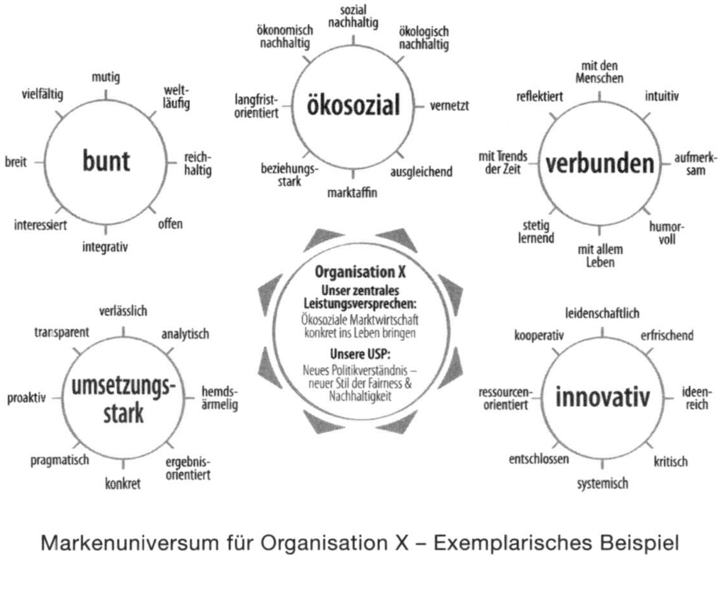

Markenuniversum für Organisation X – Exemplarisches Beispiel

Wenn Sonne, Planeten und Monde tanzen

Wichtig ist, das Zentrale Leistungsversprechen und die USP möglichst kompakt in wenige Worte zu verdichten, um die kommunikative Strahlkraft zu stärken. Die Monde haben die Aufgabe, die Kernwerte in den Planeten zu konkretisieren. Sie sind vor allem dann wichtig, wenn die Wertebasis unter Beteiligung von vielen Personen erarbeitet wird. Beiträge und Anknüpfungspunkte können so in das große Gemeinsame integriert werden.

Die hohe identifikatorische Kraft der Arbeit mit Kernwerten habe ich vor zehn Jahren als Teilnehmer der *BMW Group Trainer Academy* erlebt. Die Ausbildungsleiter haben uns – interne und externe BMW-Trainer – die Welt von *BMW* und *Mini* anhand des Leistungsversprechens sowie der Kernwerte erläutert. Seit damals klingelt es bei mir immer, wenn ich an einem BMW vorbeifahre. Ich sehe kein Auto, sondern höre in mir »Freude am Fahren« und der Werteplanet »Dynamik« steigt vor meinem geistigen Auge hoch. Die Adaption dieser Erfahrungen für unseren politberaterischen Kontext erweist sich immer wieder als äußerst effektiv – vorausgesetzt, die Organisation lässt sich darauf ein. Wer das »Fassen« der Sonne, Planeten und Monde als lustvolle Vorleistung und als wertvolles Fundament für sämtliche strategischen und strukturellen Ausrichtungen versteht, für den werden die Gestirne lustvoll tanzen.

Haben wir das Markenuniversum beispielsweise für einen Spitzenkandidaten definiert, werden wir es gleichsam als »Elchtest« immer wieder über strategische Entscheidungen legen, um deren Stimmigkeit zu überprüfen. So wird etwa die werbliche Aufbereitung der Wahlkampflinie nochmals mit dem Markenuniversum gegengecheckt: Schwingt das Leistungsversprechen mit (z.B. in der Tonalität und Farbgebung), ist die USP greifbar (z.B. durch das Outfit des Kandidaten oder die gewählten Hintergründe), finden sich die Kernwerte angedeutet (z.B. durch dezente Accessoires oder andere kulturelle Codes)?

In unserem eigenen Unternehmen gibt es keine Strategie- oder Teamklausur, ohne zu Beginn einen gemeinsamen Blick auf unser Markenuniversum zu werfen. Mitunter greifen wir bei dieser Gelegenheit auch leicht adaptierend ein – und verrücken den einen oder anderen Mond, schärfen das Zentrale Leistungsversprechen oder tauschen ganze Planeten aus. Was sich eine Kultur angeeignet hat, kann sie auch verändern oder *entlernen*. Die kulturelle DNA einer Organisation muss sich evolutionär weiterentwickeln – egal ob Unternehmen, Verein oder politische Organisation –, um weiterhin *fit* zu sein und in diese Welt zu passen. Das ist das bereits zitierte Prinzip des lebendigen Wandels: Wer nicht *fit* ist, den verabschiedet die Evolution.

Die Politik ist anders!

Wenngleich hier anklingt, dass wir bei der Entwicklung von politischen Organisationen durchaus Instrumente nutzen, die auch bei Gestaltungsprozessen in privatwirtschaftlichen Unternehmen verwendet werden, so ist doch stets zu berücksichtigen, dass sich das politische Feld durch kulturelle Spezifika auszeichnet. Diese haben erheblichen Einfluss auf die Planung und Umsetzung von Entwicklungsprozessen. Hier abschließend noch eine Zusammenfassung von fünf wesensbestimmenden »Polit-Besonderheiten«:

1 Die Dominanz der Steuerungslogik *Machtausübung, Machtausdehnung, Machtabsicherung* sowie der zyklisch oder – im Falle von unvorhergesehenen Neuwahlen – abrupt einsetzende *Ausnahmezustand durch Wahlgänge* habe ich in seiner brachialen Wirkkraft schon im Vorkapitel besprochen.

2 Auch die *mediale Verwertungslogik*, die alles durchzieht – entweder vereinnahmt oder marginalisiert – wurde schon ausführlich dargestellt.

3 Verständnis braucht es auch für das Phänomen der *Loyalität*, das oft fälschlich als dumpfe Freunderlwirtschaft gedeutet wird. Dabei ist Loyalität ein hochfunktionaler Aspekt politischer Institutionen. Sie fungiert nämlich als »Eintrittskarte« in die Organisation beziehungsweise vor allem in deren Führungszirkel. Die Loyalitätsprüfung ist dabei oft ein implizites und langwieriges Verfahren, das sich in der Regel auf die langfristige Beobachtung von Verhalten stützt: Vor allem gilt es zu belegen, dass das Verhalten berechenbar ist. Eine Abkürzung des Verfahrens kann durch persönliche Referenzierung erfolgen – im Sinne von Empfehlung durch eine andere Person mit hohem Loyalitätsgrad gegenüber der Führungsperson oder »der ideologischen Familie«. Diese stützt sich entweder auf persönliche Beziehungen (z.B. Verwandtschaft) oder wiederum auf langjährige Bekanntschaft und Beobachtung. Jedenfalls finden Rekrutierungen in politischen Organisationen selten über Ausschreibungen und fast immer über interne oder vorgelagerte Netzwerke statt. Das ist, würde ich meinen, weder grundsätzlich gut noch schlecht. Zu akzeptieren ist, dass die informelle Loyalitätsprüfung für die Organisation offensichtlich hoch effizient und effektiv ist, da sie andere Such- und Prüfkosten ersetzt (z.B. Ausschreibung, Auswahlverfahren). Und vor allem gilt: Es ist, wie es ist. Für die Organisation macht es Sinn so.

4 Ein weiteres wichtiges Spezifikum politischer Organisationen, über das manche Externe mitunter frustriert staunen, lässt sich mit folgender Geschichte illustrieren: Ich war vor einigen Jahren mit einer Gruppe von Unternehmern zu Besuch im österreichischen Parlament. In einer Diskussionsrunde mit dem Klubchef einer Regierungspartei wurde die-

ser gefragt, welchen Stellenwert denn der Sachverstand in der parlamentarischen Arbeit habe. Daraufhin legte er den Arm um die Schulter des jungen Abgeordneten, der neben ihm saß und meinte: »Bei uns zählen *Seniorität* und *Fachkompetenz*. Und zwar in dieser Reihenfolge. Wenn du neu bist, dann heißt es erst mal Wurstsemmeln holen. Stimmt's, Herbert?« Die Unternehmer fanden dieses Statement ungeheuerlich und empörten sich anschließend über das ungenierte Selbstbewusstsein, mit welchem es vom Klubchef vorgetragen wurde. Der Umstand, dass Dienstalter offensichtlich mehr zählt als fachlich-inhaltliche Kompetenz, wurde als Zumutung empfunden. Allerdings, der Klubchef war nur ehrlich. So ist es nun mal in der Politik. Wiederum kann und möchte ich es nicht werten. Offensichtlich ist auch dies funktional und die *Logik der Macht* lässt sich damit für politische Organisationen gut bedienen. Würde sich in der Privatwirtschaft mit der primären Orientierung an Seniorität morgen mehr Geld machen lassen als mit Kompetenz, dann würde der Markt in der Sekunde opportunistisch einschwenken. Das Verhalten folgt der zentralen Betriebslogik – und Machtmaximierung entfaltet offensichtlich andere Dynamiken als Profitmaximierung.

5 Besonders relevant für organisationsentwicklerische Vorhaben in politischen Institutionen ist auch das Verständnis für die fortschreitende *Personalisierung der Politik*. Diese wird größtenteils durch die mediale Logik dynamisiert, entfaltet jedoch Wirkungen weit darüber hinaus. Ein Spitzenkandidat, mit dem wir im Kreise seines Strategie-Teams die Leitlinien für den Wahlkampf und die Fotoauswahl für die erste Plakatserie besprachen, formulierte das so: »Sagt ihr, was zu tun ist. Ich bin euer Instrument, ich bin das Produkt.« Er hatte es verstanden und verinnerlicht: In der Person des Spitzenvertreters verdichtet und symbolisiert sich der Leistungsoutput

der Organisation. Frau Merkel wird so zum Synonym für die CDU. Alles Tun und Lassen in der Organisation rankt sich ein Stück weit daher um sie. Sämtliche Prozesse sind in ihrer Verwertungslogik stark und zunehmend stärker auf die Führungsperson zugeschnitten. Dies führt unweigerlich zu einer Fixierung der Mitarbeiter und Funktionäre auf diese Person und erklärt auch die oft quasi-autokratischen Verfügungsfreiheiten für die politische Leitfigur. Umso mehr ist logisch, dass ein Entwicklungsprozess das nachhaltige Bekenntnis dieser »Über-Figur« braucht, sonst wird er versickern oder versanden.

Neue Helden und die mühevolle Kultivierung sozialer Felder

»Neue Helden gesucht« titelte *politik & kommunikation* seine Magazin-Ausgabe, die sich schwerpunktmäßig mit den Rekrutierungsproblemen der politischen Parteien in Deutschland beschäftigte.[85] Headlines wie diese sind Zeugnis der übersteigerten Personalisierung, welche die inhaltlichen Diskussionen unserer Zeit in sämtlichen Bereichen und gerade auch in der Politik überblenden. Dem entgegen läuft das Organisationsverständnis der Systemiker, die das Zeitalter des *Postheroischen Managements* ausgerufen haben. Dabei wird reklamiert, dass sich die komplexen Herausforderungen unserer Zeit nicht durch Individuen – hochstilisiert zu Helden – lösen lassen, sondern nur durch gut organisierte soziale Systeme. Es geht also nicht um Heroen, sondern um *fitte Organisationen* und *die kontinuierliche Kultivierung der sozialen Felder*.

Damit sind wir abschließend wieder in jenem Spannungsbogen, der diesem Buch Pate steht und den ich entschlossen war, in seinen unterschiedlichsten Facetten auszuleuchten: *das Spannungsfeld zwischen Persönlichkeit und Organisation* – dies ist das Spielfeld, auf dem Politik stattfindet. Ich hoffe, ich habe Lust auf die Ambivalenz gemacht, die sich unter diesem Spannungsbogen eröffnet. Denn ich deute ihn eher als farbenfrohen Regenbogen denn als beklemmenden Widerspruch. Wir brauchen gut bestellte *soziale Felder* … und wenn sich darauf dann noch Helden tummeln, dann soll es mir recht sein.

Leadership – Politik muss führen!

Authentische Führer

Wenngleich ich keine Helden einmahne, so fordere ich doch Führungspersönlichkeiten für die Politik! »Unsere Welt ist VUKA«, meinte Alan M. Webber, der preisgekrönte Publizist und Gründungsherausgeber des *Fast Company Magazine*, das zum schnellst wachsenden Wirtschaftsmagazin der Geschichte wurde.[86] VUKA steht für *volatil, unsicher, komplex und ambivalent*. Und weil unsere Welt so VUKA ist, ist sie auch so ruhelos. »Das Gleiche lässt uns in Ruhe, aber der Widerspruch ist es, der uns produktiv macht.« Dieser Ausspruch stammt nicht von einem postmodernen Philosophen, sondern von Johann Wolfgang von Goethe (1749–1832). Das Unbeständige ist wohl Merkmal nicht allein unserer Epoche. Und offensichtlich kommt es darauf an, wie man diese Phänomene einschätzt – ob man sie als Bedrohung oder als Chance empfindet. Ich meine, sie dürfen auch als beides wahrgenommen werden.

Zweifelsohne ruft diese Welt unaufhörlich nach Innovation, nach neuen Lösungen. Und dies wiederum ruft nach Führung. Leadership leben heißt – in meinem Verständnis – beständig vorangehen. Das ist eine wirkmächtige und fordernde Aufgabe. Sie verlangt den Menschen als ganze Person – mit seinem Fachwissen, seinen Kompetenzen, seinem ureigensten Wesen. Gestaltend tätig zu sein heißt, *sich selbst führen, sein Team führen und seine Organisation führen*.

Wie im Vorkapitel herausgearbeitet, findet Führung im politischen Feld eine spezifische Spielanlage vor. Sie agiert im hochgradig interessenbesetzten Raum. Sie ist dabei oft mit Zielkonflikten und Widersprüchlichkeiten konfrontiert. Neben der wirtschaftlichen Performance zählen auch ganz andere Steuerungsgrößen wie z.B. die öffentliche Meinung oder übergeordnete politische Vorgaben und Machtinteressen. Diese Spezifika fordern Politiker und Führungskräfte in politischen Organisationen auf besondere Weise. Für sie ist es hochgradig erfolgskritisch, in inter- und überorganisationalen Zusammenhängen, Beziehungen und Systemen zu denken und zu handeln. Sie sind permanent mit Wandel und Mehrdeutigkeiten konfrontiert.

Meinem hier skizzierten Führungsverständnis liegt das *promitto-LeaderSHIPS-Modell* zugrunde, das wir in unserem Unternehmen unter Leitung von Barbara Guwak und Markus Starecek entwickelt haben. Das Modell dient Führungskräften – insbesondere im politischen Feld – zur Ausrichtung und Stärkung ihrer Führungskompetenzen. Es vermittelt Wirkungsfaktoren auf persönlicher, Team- und auf organisationaler Ebene.

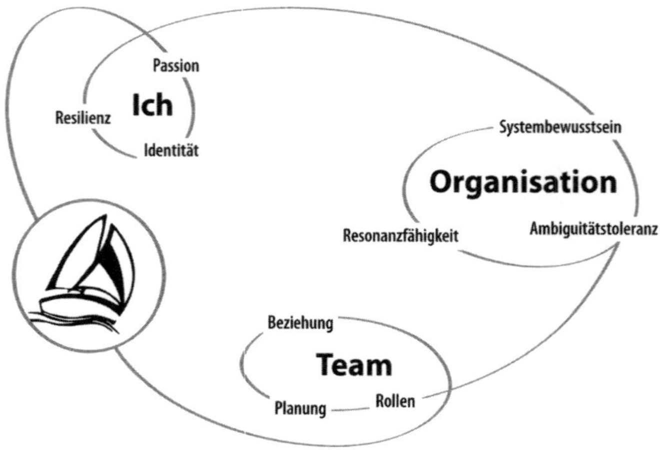

promitto-LeaderSHIPS-Modell

Personal Mastery als Schlüssel

Erfolgreiche Führung beginnt damit, sich selbst wirksam zu führen. Peter Senge prägte dafür in seinem bahnbrechenden Buch »Die fünfte Disziplin« den Begriff der *Personal Mastery* – die Disziplin der Selbstführung und Persönlichkeitsentwicklung.[87] Personen, die einen hohen Grad an Personal Mastery erlangen, erweitern beständig ihre Fähigkeit, jene Ergebnisse zu erzielen, die sie wahrhaft anstreben. Die Führungsqualifikationen, die uns gerade im politischen Kontext besonders relevant erscheinen und wir daher in unserem Modell verankert haben, charakterisieren sich wie folgt:

- *Identität:* Wie handle ich im Einklang mit meinem eigenen Wesen und meinen Werten?
- *Passion*: Wie entwickle und halte ich meine Leidenschaft?
- *Resilienz:* Wie steigere ich meine Widerstands- und Krisenfestigkeit?

Identität und Werte sind der Nukleus persönlicher Reifung. Sie sind die Basis für Selbstbewusstsein und Gelassenheit sowie für die Fähigkeit, unterscheiden zu können. Dies setzt ein Bewusstsein über die eigenen Stärken und Schwächen, über die persönlichen Werthaltungen und das eigene Wirken voraus. Wer hier keine gute Verwurzelung hat, der wird in der Flut an Positionen, Informationen und Begehrlichkeiten rasch seine Orientierung verlieren. Die autonome Interpretation und Handlungsableitung wird dieser Person nicht mehr gelingen. Das wird dann in jenen Phänomenen enden, die wir zuhauf in der Politik beobachten: Beliebigkeit, Medien-Devotion, Populismus-Kalkül und Umfragen-Nachhecheln.

Zum Thema *Passion* ist bekannt, dass in einem selbst *das* brennen muss, was man bei anderen entzünden will. Die Passion steht somit in einem engen Verhältnis zur eigenen *Mission*, wie sie bereits ausführlich besprochen wurde. Es geht darum, sachlich und leidenschaftlich zugleich zu sein – ganz im Sinne des schon früher zitierten Max Weber.

Leidenschaft erzeugt freilich immer Reibung. Und hier kommt die *Resilienz* als wichtiger Ausgleichsfaktor ins Spiel. Nur ein hinreichend verwurzelter, biegsamer und spannfähiger Baum überlebt den Sturm. Der Begriff *Resilienz* erfährt derzeit eine Hochkonjunktur. Er hat die Sphären psychologischer Fachbücher verlassen und wird in allerhand Kontexten als die Antwort auf die Herausforderungen der Zeit gefeiert. Wohl hat das damit zu tun, dass es dabei wesentlich um die Fähigkeit geht, konstruktiv mit Krisen umzugehen, den Wagen auch bei Unwetter auf Kurs zu halten und sicher ans Ziel zu steuern. Resilienz ist ein Begriff, der ursprünglich stark in der Ökologie verwendet wurde. Ein resilientes Öko-System zeichnet sich dadurch aus, dass es nach einer Störung oder externen Belastung wieder rasch in seinen Ausgangszustand zurückkehrt. Im Kontext von Personal Mastery geht es darum, Elastizität und Standhaftigkeit gleichzeitig zu beweisen, um einen guten Umgang mit Unerwartetem, Turbulenzen oder Misserfolgen zu finden.

Führung ist Beziehung

Ein guter Weg zu erfolgreicher Führung ist also die Verknüpfung von Gleichklang und Widerspruch. Die Herausforderung ist, sich selbst als Führungskraft so zu entwickeln, dass man mit der Organisationskultur mitschwingt und zugleich aus einer autonomen Distanz heraus wirksame Veränderungsimpulse setzen kann. Zu jedem Zeitpunkt ist Führung jedoch ein Zustand und eine Tätigkeit, die sich auf Gemeinschaft bezieht. Die Führungsqualifikationen, die wir dabei auf der Teamebene für besonders relevant halten, sind:

– *Beziehungsfähigkeit:* Wie gestalten und steuern wir die Beziehungen in unserem Team?

- *Rollenverständnis:* Welche Funktionen haben wir im Team und welche Ansprüche verbinden wir damit?
- *Planungskompetenz:* Wie gelingt es uns, effektiv und effizient zu Ergebnissen zu kommen?

Führung ist ganz wesentlich auch immer Beziehungsarbeit. Dabei helfen Empathie, achtsame Kommunikation sowie ein waches Sensorium für soziale Dynamiken. Nur wer in Beziehung geht, kann Menschen wirklich berühren. Freilich kann man Menschen auch befehligen. Das ist aber nicht jener Führungsansatz, der Vitalität und Lebendigkeit freisetzt. Wer allerdings wertschätzend und beziehungsorientiert führt, der wird erleben, dass sich die Mitarbeiter engagieren, sich persönlich verantwortlich fühlen, Initiative zeigen, sich eigenständig vernetzen und Entscheidungen treffen sowie Verbesserungen und Neuerungen vorantreiben.

Führung steuert also das Zusammenwirken aller Beteiligten in einem Team oder einer Organisation. Sie gestaltet den Raum zwischen (informell oder formal) festgelegten Regeln, den (tatsächlichen oder vermeintlichen) Sachzwängen und den Sphären der Selbstorganisation. Es geht darum, die vorhandenen Ressourcen und Potenziale entlang der vereinbarten Ziele und Zwecksetzungen der Organisation zur Entfaltung zu bringen.

Die systemische Einbettung verstehen und gestalten

Organisationen bestimmen unser Leben und dominieren das politische Handlungsfeld. Ich habe ihnen in diesem Buch daher breiten Raum gewidmet. Jene drei Führungsqualifikationen, die wir auf organisationaler Ebene im politischen Feld für besonders erfolgskritisch halten, sind:

- *Systembewusstsein:* Wie erkenne, nutze und gestalte ich Be-

ziehungen und Kommunikation innerhalb und außerhalb unserer Organisation?
- *Resonanzfähigkeit:* Wie gelingt es mir, frühzeitig leise Signale zu hören?
- *Ambiguitätstoleranz:* Wie verhält sich unsere Organisation in widersprüchlichen, unsicheren und ergebnisoffenen Situationen?

Mit dem *Organisationalen Credibility Triangle* habe ich ein Modell gezeichnet, welches das Wesen von (Veränderung in) Organisationen greifbar machen und Gestaltungsoptionen aufzeigen soll. Wer Wandel erfolgreich steuern will, der muss Organisationen zuerst studieren und dann planvoll intervenieren. Dabei muss die Führungskraft ihre Handlungsmöglichkeiten stets kultivieren. Gerade auch die leisen Signale sind oft vielsagende Wegweiser. Sie gilt es im »Getöse und Rauschen der Organisationen« wahrzunehmen und zu deuten.

Auch die Organisationen bewegen sich in einer »VUKA-Welt«. Daher stellt sich hier eine Schwester der *Resilienz* als wichtige Qualifikation auf organisationaler Ebene ein: die *Ambiguitätstoleranz* – auch Unsicherheits- oder Ungewissheitstoleranz genannt. Es geht darum, einen konstruktiven Umgang mit Mehrdeutigkeiten und Widersprüchlichkeiten zu finden. Mehrdeutige Informationen und Situationen, die schwer verständlich oder auf den ersten Blick gar inakzeptabel erscheinen, sollen nicht durch – meist negative – Bewertungsreflexe beiseitegeschoben werden. Es kommt darauf an, sie zu akzeptieren und möglicherweise sogar als Ressource positiv zu nutzen.

Was eine Führungskraft niemals delegieren kann

»Erziehung ist Vorbild und Liebe, sonst nichts.« Diese Aussage wird dem Schweizer Pädagogen, Philosophen und Politiker

Johann Heinrich Pestalozzi (1746–1827) zugeschrieben. Als Vater erlebe ich die tägliche Bestätigung seiner These. Frances Hesselbein, Präsidentin des *Leader to Leader Institute* und Gründerin der *The Peter F. Drucker Foundation* stößt ins selbe Horn: »Leadership is a matter of how to be, not how to do. We spend most of our lives mastering how to do things, but in the end it is the quality and character of the individual that distinguishes the great leaders.« Auch ihr Bild von den prioritären Aufgaben von Führern hat große Klarheit: »Leaders succeed through the efforts of their people. The basic task of the leader is to build a highly motivated, highly productive workforce. That means moving across the boundaries both within and outside the organization, investing in people and resources, and exemplifying personal commitment to the common task.«[88]

Ich unterschreibe all diese Standpunkte und komme zu dem Schluss, dass Führungskräfte sich vor allem auf das konzentrieren sollten, was sie nicht und niemals delegieren können. Das sind aus meiner Sicht zumindest drei »Zuständigkeiten«:

– *Die richtigen Leute zur richtigen Zeit an den richtigen Platz bringen und sie bei der Erfüllung ihrer Aufgabe begleiten!* Leider sind politische Führungskräfte allzu oft damit beschäftigt, Leute zu verhindern und »zu parken«, anstatt starke Personen zum reifen Zeitpunkt in eine stimmige Position zu bringen.
– *Ein gutes Vorbild sein!* Das Sein, Tun und Lassen der Führungskraft prägt die Kultur einer Organisation wie kaum ein anderer Einzelfaktor im System. Beispiel: Es geht darum, die inhaltliche Vision der eigenen Organisation hoch und die moralisch fraglichen »Hidden und Side Agendas« des politischen Alltags klein zu halten. Gelingt dies dem Chef nicht, dann wird sich sonst auch keiner um die Vision kümmern. Jeder maximiert dann sein individuelles »Geschäft«. Unsere Zeitungen sind täglich voll davon.

- *Liebe die Menschen und kümmere dich!* Wer Menschen nicht mag, kann vieles machen, aber er sollte nicht in die Politik gehen. Doch selbst für solche, die Menschen mögen, bleibt es Herausforderung genug. Die Wertschätzung für den Einzelnen permanent und immer wieder zum Ausdruck zu bringen, bedarf hoher Achtsamkeit und Selbstdisziplin. Doch dort wo es authentisch stattfindet, ist es ein Erlebnis für alle Beteiligten. Zum Beispiel: wenn die Ministerin auf Firmenbesuch mit staunenden Augen den Handgriffen der Fließbandarbeiter zusieht; wenn der Bürgermeister sich nach den Kindern »seiner Leute« erkundigt und sich an deren Namen erinnert; wenn der Präsident bei der Weihnachtsfeier nicht seine Geschichten auftischt, sondern auch mal interessiert jenen seiner Mitarbeiter lauscht.

Frei nach Pestalozzi möchte ich resümieren: Politisches Leadership ist Vorbild, Liebe und Entscheidung; sonst nichts.

Demütige Macher

»Willst du den Charakter eines Menschen erkennen, so gib ihm Macht«, sagte einst Abraham Lincoln (1809–1865). Er wird wohl seine Erfahrungen gemacht haben. In Rufweite seiner These befindet sich Udo Jürgens mit seiner schon besprochenen Lebensweisheit: »Treue ist der Mangel an Gelegenheit.«

Ja, es stimmt: Erst seit wir Fluggeräte haben, können wir abstürzen. Soll man daher Fluggeräte verbieten? Soll man den Menschen (zweifelhafte) Liebschaften verwehren? Sollten wir uns vor Macht schützen? Nein, nein, nein. Dreimal nein. Alle drei Sphären – und noch Hunderte mehr – gehören zu unserem Leben. Alle sind Teil der *conditio humana*. Es ist Grundbedingung unserer Existenz, dass wir uns entscheiden können und müssen – ob und wie wir fliegen, lieben, tun und lassen. Macht kommt von »Machen«. Im Handeln wird der Mensch zu dem, was er ist. Insofern sind wir alle mächtig und es ist zu wünschen, dass wir alle unsere Mächtigkeit begreifen.

Ist Macht gut oder böse?

Nun werden manche sagen, dass ich hier eine ziemlich naive Vorstellung von Macht propagiere. Okay – ich bin noch nicht fertig mit dem Thema. Gleichzeitig halte ich diesen oben gewählten Ausgangspunkt für wichtig. Denn er ist meines Erachtens dazu geeignet, die bei uns übliche negative Stigmatisierung von Macht aufzubrechen. Ist Macht gut oder schlecht? Diese Frage stellt sich für mich nicht. Macht *ist*. Und es kommt eben darauf an, was man mit ihr macht.

Macht bedeutet die Möglichkeit, das Verhalten anderer zu beeinflussen und eigene Vorstellungen durchzusetzen. Die zentrale Betriebslogik politischer Organisationen und Akteure habe ich schon mehrfach festgehalten: Machtmaximierung. Dies ist vorerst ein wertfreier Befund – es ist, wie es ist. Des Öfteren referiere ich diese wissenschaftliche Erkenntnis vor Politikern und ernte dann Betroffenheit: Was, das sollen wir sein? Aber wo bleiben da unsere Überzeugungen, unsere Werte, unser Idealismus?

Es sind wohl groteske Nachwehen der schauderhaften deutsch-österreichischen Erfahrung mit dem Nationalsozialismus, dass viele Landsleute und Politiker mit der Macht so ein Problem haben. Natürlich geht es um *Macht* in der Politik – um was bitte sonst? Das kann wohl nur für jene ein Problem sein, die *selbst* ein problematisches Verhältnis zur Macht haben. Beispielsweise sind immer noch beachtliche Teile der österreichischen Grün-Politiker und deren politische Basis hier einzureihen. Sie verkrampfen, wenn sie in die Nähe von Macht kommen. Unter anderem deswegen sind sie 25 Jahre nach ihrer Gründung auf Bundesebene noch immer nicht regierungstauglich. Ich halte es für eine Tragik für unser Land, dass eine Partei mit inhaltlich guten Ansätzen über mehrere Jahrzehnte nicht fähig ist, sich an die Macht zu begeben (mit kleinen regionalen Ausnahmen). Mit ihrer »Macht-Blockade« erweisen die Grünen der Demokratie einen Bärendienst und zementieren das anachronistische Herrschaftskartell von Rot-Schwarz.

Wer mit Macht ein grundsätzliches Problem hat, ist nicht reif für die Politik. Das spüren die Leute – deswegen kommen sie mitunter zum Schluss, dass da was nicht stimmt mit den österreichischen Grünen. Mit Wien, wo sie sich seit November 2010 erstmals als »Mit-Machthaber« im größeren Stil ausprobieren, hat die Partei nun die Chance, ihre politische Ladehemmung abzulegen. Vielleicht sickert dabei die grundsätzliche Erkenntnis ein, dass man Macht auch haben kann, ohne sie zu missbrauchen. Vielleicht kommen die Grünen sogar zum Schluss, dass Macht genau das ist, was sie brauchen, um jene Ideen ins Leben zu bringen, die sie seit Jahrzehnten propagieren. Die Parteispitze unter Eva Glawischnig, die hier persönlich ihrer Partei weit voraus ist, sollte mit ihren »machtskeptischen Wackelkandidaten« die eine oder andere Exkursion zu den deutschen Grünen machen. Die sind politisch lebenskundiger und pragmatischer. Dafür bekommt Claudia Roth mit ihrer Truppe – zumindest zum Zeitpunkt des Verfassens dieser Zeilen im Herbst 2010 – in Umfragen die doppelt so hohe Zustimmung wie ihre österreichischen Kollegen.

Die Dinge richtig tun oder die richtigen Dinge tun!?

»Ich will da rein!« wusste Gerhard Schröder schon zu seinen Juso-Zeiten, als er nach einer Kneipentour am Zaun des Kanzleramtes rüttelte. Das finde ich sehr okay. Wer von seiner Mission und seinen politischen Zielen überzeugt ist, der soll nach der Macht greifen. Das ist das Wesen der Demokratie – der Wettbewerb der besten Ideen und Gestaltungsansätze. Freilich kann man nun zu Schröders Regierungsperformance unterschiedliche Positionen einnehmen. Ob nun seine Visionen für das Sozialsystem, den Arbeitsmarkt, die Steuerpolitik, die Rentenreform, das Staatsbürgerschaftsrecht oder die Rolle Deutschlands in der Welt die richtigen waren? Doch wird man ihm nicht absprechen können, dass er etliche Jahre beherzt bei der Arbeit war.

Auch Kanzlerin Merkel hat – weniger laute – sachliche Leidenschaft bewiesen, die mir sehr beachtlich erscheint, wenngleich sie in Sachen Leadership in den letzten Monaten schwächelt. Mitunter bedingt ihr machtpolitisches Kalkül zu langes Zögern. Freilich, von außen lässt sich leicht kommentieren. Die Schwierigkeit ihrer Aufgabe ist schwer zu ermessen. Doch könnte die Leadership-Leitlinie von Warren G. Bennis, eine Autorität im Bereich der Führungstheorie, hilfreich sein: »Managers do things right, leaders do the right thing.« Es geht vor allem darum, *die richtige Sache* zu tun.

»Macht ist Aktivität – oder zumindest deren Androhung«, meint Ruth Seliger in ihrem »Dschungelbuch der Führung«. Sie weist Führungspersonen eine zentrale Stellung zu: »Führung ist eine Machtposition. Führung hat die Funktion, Entscheidungen um- und auch durchzusetzen. Führung braucht daher einen klaren Umgang mit Macht.« Eindringlich schildert sie, dass Macht immer in Beziehungsgeflechte eingebettet ist. »Macht ist nur dort Thema, wo Menschen miteinander in einer kommunikativen Beziehung stehen, wo Menschen und ihre Handlungsspielräume einander berühren. Wo es keine Berührungspunkte gibt, entstehen kaum Machtbeziehungen.« Folgerichtig weist sie darauf hin, dass Macht Abhängigkeit voraussetzt. »Die Summe der Einflussmöglichkeiten in sozialen Systemen ist immer gleich (…) Wenn eine Seite mehr Macht nimmt, verliert die andere Seite im selben Ausmaß. Das bedeutet, dass auch diejenigen, die aktuell über mehr Macht verfügen, davon abhängig sind, dass die andere Seite diesen Machtraum gibt.« Schlussendlich stellt sie klar: »Macht ist nicht dasselbe wie Gewalt. Es ist eines der größten Missverständnisse, Macht mit Gewalt gleichzusetzen. Gewalt oder Gewaltandrohung sind bestenfalls Instrumente zur Erzeugung und Aufrechterhaltung von Macht.«[89]

Macht korrumpiert?

Macht ist ein schillerndes und ambivalentes Phänomen. Sie macht erotisch, potenziell einsam und oft abhängig. All das habe ich in diesem Buch schon ausführlich besprochen. Zweifelsohne verändert Macht sowohl die, auf welche sie ausgeübt wird, als auch jene, die viel von ihr auf sich vereinen. Macht lässt keinen kalt – von Faszination über Abscheu und Bewunderung bis zu Unterwerfung oder Abwehr lauten die Reaktionen. Und es gibt die oft zitierte Auskunft, dass Macht korrumpiere. Sie verderbe den Charakter. Das halte ich für eine unzulässige Verallgemeinerung. Sie ist in etwa so zutreffend wie der Befund, dass man im Wasser ertrinkt oder dass Erfolg zu Kopf steigt. All dies ist leicht möglich, wenn man sich nicht vorsieht, aber es ist nicht *zwingend* der Fall.

Politiker – so in ihren Organisationen oder bei Wahlen erfolgreich – werden in der Demokratie mit dem Medium der Macht ausgestattet. Das ist notwendige Voraussetzung, wenn sie durch ihre Funktion unsere gesellschaftlichen Sphären gestalten sollen. Damit das Privilegium der Macht nicht in die falschen Gassen führt und man »von ihren dunklen Seiten« vereinnahmt wird, bedarf es eines reifen Umgangs mit Macht. Dies setzt meines Erachtens einen reifen Umgang mit sich selbst voraus, ein gutes systemisches Verständnis und eine positive Führungsleistung. Damit Macht nicht negativ deformiert, ist die klare Definition und Kommunikation ihrer Ausgestaltung wichtig. Es bedarf ihrer permanenten Reflexion und ihrer Beschränkung. Seitens der Machthaber sind vonnöten: ausgeprägtes Urteilsvermögen, klarer Handlungswille, entschlossene Durchsetzungskraft und unablässige Konsequenz. Eine ganz wesentliche Qualifikation möchte ich als Vorbedingung für »nachhaltig gesunde Machtausübung« noch herausheben: *Demut*.

Dienen kommt vor Verdienen

Der Ausdruck *Demut* kommt aus dem althochdeutschen *diomuoti*, was so viel heißt wie »dienstwillig« beziehungsweise »Gesinnung eines Dienenden«. *Politik ist Dienerschaft am Volk.* Dieses Verständnis ist für ein positives Politikszenario aus meiner Sicht alternativenlos. Freilich ist es schwierig und ein stetes Ringen, die Grundhaltung der Demut zu bewahren. Doch wo sie verlassen wird, steigt Macht zu Kopf und breitet sich Hochmut aus. Wo Hochmut herrscht, versiegt die Achtsamkeit. Dann wird Macht zum Selbstzweck – Machtausübung um der Macht willen. Der Politiker strebt dann in die Macht, um sich und anderen täglich zu beweisen, dass er die Welt schon im Griff hat. Politik wird zur Ersatzbefriedigung und zur Kompensation einer unbewussten Existenzangst und Daseinsverlorenheit. Das sind psychodynamische Tendenzen, die wir von der grundsätzlichen menschlichen Veranlagung her alle in uns tragen. Die Politiker sind also auch hier keine Ausnahme, sondern nur in einem spezifischen sozialen Kontext unterwegs.

Demut ist nicht haltbar ohne selbstbewusste Grenzziehung und ohne eine Haltung der Wertschätzung und Dankbarkeit. Sie kann in uns auch nicht bestehen, wenn wir sie nicht aktiv kultivieren und ihr Regenerationsräume zugestehen. Ob das der Spaziergang im Wald, die Pflege des eigenen Balkongartens, der Blick über die Dächer der Stadt, die Wohlklänge Mozarts, das Feiern mit Freunden, das Staunen über den Sternenhimmel oder das Wiegen eines Kindes ist – die Antworten muss hier jeder für sich selber finden.

Lustvolle Entrepreneure

Der griechische Philosoph Epikur (ca. 341–271 v. Chr.) meinte: »Die Krone des Seelenfriedens ist unvergleichbar wertvoller als leitende Stellungen im Staate.« Okay, unterschrieben. Doch wie großartig muss es sein, beides zu vereinen?

Es war ja auch die griechische Philosophie, welche die *Lust* als positive Antriebskraft des Handelns bejahte – noch lange bevor die katholische Kirche uns den Wert des Leidens und das schlechte Gewissen lehrte (neben Demut, Nächstenliebe und anderen *positiven* Aspekten). Schon zwei Generationen vor Epikur lehrte Platon (ca. 428–348 v. Chr.), dass die Lust dem Menschen dann angemessen sei, wenn sie sich auf hohe ethische Werte oder auf ein vernünftiges und sittlich hochstehendes Ziel richte. Sie sei heilsam für die innere Gesundheit, weil sie das innere Gleichgewicht stütze. Aristoteles (384–322 v. Chr.) ging sogar so weit, Lust als Bestandteil einer vollkommenen Tätigkeit zu definieren. Der Benediktinerpater und Erfolgsautor Anselm Grün knüpft an diesem Lust- und Arbeitsverständnis an und meint in seinem *Buch vom wahren Glück*: »Wenn der Mensch vollkommen in einer Tätigkeit aufgeht, erfährt er immer auch Lust. Lust begleitet also unser Tun. Wenn wir unsere natürlichen Fähigkeiten vollkommen ausüben, dann erleben wir Lust.«[90]

Politik als Flow statt als Droge

Wenn man also Politik aus Leidenschaft und somit als Berufung betreibt, dann hat sie hohes Potenzial für persönliche Erfüllung. Das Bewältigen von selbstgesetzten Zielen und selbstgestellten Herausforderungen macht glücklich. Die Psychologie nennt das *Coping-Kompetenz*. Unser Selbst-(wert-)gefühl hängt wesentlich davon ab, wie oft wir uns mit Herzklopfen etwas getraut haben.[91]

Wer sich mit seiner Umwelt in Verbindung und sich selbst dabei als wirksam erlebt, der erfährt Zufriedenheit. Er kultiviert nachhaltiges Glück im Sinne von aktiver und kreativer Lebensgestaltung. Dieses Glücksverständnis hebt sich ab von der Suche nach dem »Kick« oder nach »Fun«. Es geht um das, was Mihaly Csikszentmihalyi als *Flow* beschreibt.[92] Es geht nicht um kurzzeitige, aufgeputschte Erregung, sondern um länger andauernde Euphorie. Es geht um erfülltes, konzentriertes Arbeiten, das die volle Aufmerksamkeit des tätigen Menschen bindet.

Freilich charakterisiert sich das politische Feld durch hohen Druck sowie viele Reize, Sachzwänge und Fallstricke, sodass kein Politiker in einem permanenten Fluss der Wonne und Selbstvergessenheit dahingleiten wird. Doch erscheint es mir trotzdem realistisch *und* attraktiv, der Politik diesen Rahmen zu geben: sie nicht als Droge zu betrachten, die abhängig macht, sondern als eine Tätigkeit, die potenziell hohe Zufriedenheit und Glück stiftet. Um es mit Barack Obama zu sagen beziehungsweise mit den Worten, die er am 3. April 2009 an Jugendliche in Straßburg richtete: »Es gibt nichts Edleres als der Gesellschaft zu dienen – egal ob als Präsident, in der Gemeinde oder als Entwicklungshelfer. Wenn du immer nur an dich denkst, wird dein Leben immer nichtiger. Wenn du aber kopfüber reinspringst und dich für andere engagierst, kriegst du dafür ein richtiges Abenteuer.«[93]

Wünsche an altgediente und an frische Kräfte

Diese Form von Lustempfinden wünsche ich mir für die Politik: Lust, die der Freude am Gestalten, am Schöpferischen, entspringt. Diesbezüglich habe ich klare Erwartungen an *etablierte Player* und an *frische Kräfte*:

Von den *altehrwürdigen Institutionen* und deren Führungspersönlichkeiten erwarte im mir mehr Leadership, mehr Führungsqualität, mehr beherzte Entschlossenheit. Denn nur wer das Heft des Handelns selbstbewusst in der Hand hält, wird Lust empfinden. Wer ständig in der Defensive ist und den Entwicklungen hinterherläuft, wird das schwerlich als freudvolles Unterfangen erleben. »Wir brauchen Leader, nicht Follower!« rief der ehemalige italienische Regierungschef und Präsident der Europäischen Kommission, Romano Prodi, beim Europäischen Forum Alpbach 2010 den Teilnehmern zu. Er erzählte von einem Treffen mit dem chinesischen Premierminister, in dem ihm dieser seine Sorge über die westliche Demokratie offenbarte. Die Politiker würden offensichtlich auf allen Ebenen – von Gemeinden über Regionen, Nationalstaaten bis auf EU-Ebene – ihre Entscheidungen einer extremen Kurzfristorientierung unterwerfen. Prodi meinte, dass ihm ob der skurrilen Fürsorge durch den chinesischen Machthaber leider nur die Möglichkeit blieb, dessen Verdruss zu teilen. Aus eigener Erfahrung wisse er, dass die Politiker als erstes täglich die Zeitung aufschlagen und die Meinungsumfragen studieren, bevor sie sich ihrem Geschäft des Gestaltens beziehungsweise Regierens widmen.[94]

Freilich gibt es auch die – eher seltenen – Fälle, die ihre Fahne nicht in den Wind der Meinungsforschung und Journaille hängen, sondern sich als echte Überzeugungstäter zum Wohle des gemeinsamen Ganzen erweisen. So zum Beispiel Göran Persson, der Schweden in den 90er-Jahren – als Finanzminister und später als Ministerpräsident (1996–2006) – mit

Entschlossenheit und mitunter unpopulären Maßnahmen aus einer schweren Wirtschaftsdepression führte. Er vollbrachte dabei das politische Kunststück, sich dafür auch die Unterstützung des Volkes zu sichern.[95] Ebenfalls eine imposante Fallstudie ist der finnische Weg unter Ministerpräsident Paavo Lipponen: Er führte das Land in den 90er-Jahren aus einer schweren Wirtschaftkrise in eine umfassende Modernisierung der Bildungs-, Sozial-, Forschungs- und Technologiepolitik. Die Finnen schafften das, ohne von ihrem Konsensmodell abzulassen.

Die Zeit ist reif für politische Entrepreneure!

Meine Skepsis ist groß, ob die etablierten politischen Kräfte in Deutschland und Österreich fähig sein werden, in den nächsten Jahren die notwendige Führungsqualität zu entwickeln, um die Herausforderungen der Zeit gut zu meistern. Die seit Jahrzehnten sinkende Integrations- und Gestaltungskraft der zwei großen politischen Lager habe ich ausführlich dargestellt. Dieser Befund stimmt nicht zuversichtlich. Umso mehr verlangt die Situation nach *politischen Entrepreneuren* – nach solchen, die sich in Sachen Politik beherzt aufmachen, um *Konkretes zu unternehmen*. Ich meine nicht etwa philosophische Zirkel oder NGOs – deren Rolle und Engagement halte ich für gut und wichtig. Ich meine hier neue politische Kräfte, die entschlossen sind, nach der Macht zu greifen. Wer die Demokratie ernst nimmt und in ihr etwas erreichen will, der muss es auf die *Macht* anlegen. Der größte Hebel in Richtung Machterlangung in unseren demokratischen Systemen sind – zum Glück nach wie vor – *Wahlen*. Sie sind der zentralste Dreh- und Angelpunkt für gesellschaftliche Gestaltungsfragen.

Politische Entrepreneure handeln entlang dem Motto von Mahatma Gandhi (1869–1948): »We must be the change we wish to see in the world.« Sie spüren ihre Mission, sie haben Vision und sie sind tatkräftige Umsetzer. Politisches Entrepreneurship heißt, mit dem Mut und dem Enthusiasmus des Pioniers in den Ring zu steigen und den Wettbewerb um die besseren politischen Lösungen auszurufen. Es geht um die Entschlossenheit und die Fähigkeit, neue Ideen und Erfindungen in erfolgreiche Innovationen umzusetzen. Dazu braucht es ungestüme Beharrlichkeit, Bereitschaft zum Risiko, Freude am Tun und das Feuer der sachlichen Leidenschaft. Allesamt Merkmale, die in der »strukturellen DNA« der etablierten Player und Institutionen über die Jahrzehnte größtenteils ausgewaschen wurden.

»Da wird sich nie was ändern ...«

Wenn ich hier vom Neugestalten politischer Verhältnisse spreche, werden viele sagen: »Aber das geht doch gar nicht. Die etablierten Parteien sitzen so fest im Sattel, da ist nichts zu machen.« All diesen Skeptikern gebe ich zu bedenken: Es sind schon Hausherren gestorben. Gerade das 20. Jahrhundert lehrt uns, dass keine irdische Macht ewig währt.

Doch möchte ich mich nicht revolutionären Schwärmereien hingeben. Meist passiert die Veränderung nicht in Sprüngen, sondern in kleinen Etappen. Das ist das Grundgeschehen des Werdens in unserer Welt: Nicht durch Revolutionen erblüht das Neue, sondern durch Evolution. Schritt für Schritt entstehen unbekannte Wege; Stück um Stück bauen sich die Landebahnen der Zukunft.

Als Kinder haben meine Freunde und ich oft am *Schlossbühel* gespielt. Es ist dies ein Hügel in meinem Vorarlberger Heimatdorf Wald am Arlberg, auf dem sich spärliche Überreste einer mittelalterlichen Burg befinden. Das hat uns immer fasziniert. Oft saßen wir in den Bäumen um die Mauerreste herum und überlegten uns, wie wohl das Leben damals so war, als hier noch die Ritter hausten. Und wohin ist wohl die *Rüdburg* verschwunden, fragten wir uns. Bis uns eines Tages der Volksschullehrer die Augen öffnete – damals begriff ich wohl erstmals Josef Schumpeters (1883–1950) *Prinzip der Schöpferischen Zerstörung*: Aus den Ruinen der Macht erwächst das neue Leben. Die Mauern der mittelalterlichen Burg haben sich über die Jahrhunderte dienstvoll in Häuser, Kirchen und Schulen verwandelt. Stein um Stein …

Die Verhältnisse zum Tanzen bringen!

Es geht also nicht darum, *das Alte* auf einen Schlag niederzureißen. Es wird ohnehin fast wie von selbst verschwinden. Es geht um Prozesse, nicht um Sprengarbeiten. Die altehrwürdigen Parteien und Institutionen werden nicht morgen zusammenbrechen, doch viele von ihnen sind von ihrem Lebenszyklus her bereits in der beginnenden Auflösung. Somit sind sie unser *Steinbruch für das Neue*. Also, greifen wir hinein und nehmen wir beherzt mit, was entlang der Bedürfnisse der Zeit noch hilfreich erscheint!

Viele spüren, dass die etablierten Strukturen und institutionalisierten Machtträger hinsichtlich Schaffenskraft und Vitalität ihren Höhepunkt längst überschritten haben. Gleichzeitig sehen wir, dass Inseln des Neuen entstehen in Form vieler Initiativen und Projekte. Wenn sich diese Inseln zusammenschließen, dann entstehen neue soziale Felder von jener Schwungmasse, die die Verhältnisse auf breiter Front zum Tanzen bringen. Die Melodie, zu der wir uns in solchen Entwicklungsphasen bewegen, wird uns anfangs fremd erscheinen. Der Rhythmus wird zunächst tastend und unsicher sein. Doch schon bald werden sich eine stimmige Tonfolge und ein guter Takt einstellen.

Die Komponisten und Taktgeber, die wir für diesen gesellschaftlichen Wandel brauchen, sind *politische Entrepreneure*.

Politische Unternehmer, nicht Unterlasser. Die Welt zum Positiven verändert haben stets die Neugierigen, die Wagemutigen, die Nicht-Aufgeber. Nicht die Nörgler, Zauderer, Zyniker oder Ignoranten – sondern jene, die wissen und erleben wollten, wie es anders gehen kann.

Wir trauen der Politik auch deswegen nicht, weil wir uns selbst zu wenig (zu-)trauen. *Politik kann auch anders sein, als wir sie derzeit erleben.* Davon bin ich überzeugt. Ich liebe Politik.

Nachwort

Manchmal beschleicht mich beim Schreiben eine Ambivalenz. Da steht *es* nun hier vor mir – schwarz auf weiß. Und dabei ist die Welt so bunt.

Wie ich es im Rahmen des Buches als wertvolle Tugend für postmoderne Zeiten beschrieben habe, übe ich mich dann in Ambiguitätstoleranz. Also in der Fähigkeit, Widersprüchlichkeiten und Mehrdeutigkeiten einfach wahrzunehmen und nicht vorbehaltlos positiv oder negativ zu bewerten ... und dann schreibe ich weiter.

Schmunzelnde Erlösung finde ich im sokratischen Motto der Todesanzeige von Peter Kafka (1933–2000) – engagierter Physiker, visionärer »Wanderprediger« und sanfter Gesellschaftskritiker. Dort steht geschrieben: »Leisten Sie Widerstand! Schämen Sie sich nicht, über Dinge zu sprechen, die Sie nicht ganz verstehen. Alles Wesentliche ist unverstanden.«

Mein herzlicher Dank gilt all jenen, die mich auf dem Weg von der Idee bis zur fertigen Publikation begleitet haben: die unersetzbaren Hinterfragungen, die hilfreichen Inputs, die freundlichen Ermutigungen. Herzlichen Dank an meine *Buchgemeinde* für das vielschichtige Feedback, insbesondere an Martin Kocher, Johannes Holzleitner, Feri Thierry, Bernhard Marckhgott, Markus Heingärtner, Harald Mahrer, Ulrich Müller und Ralph Bräunlein. Mein Dank für wertvolle Anregung geht weiters an Michael Traindt, Judith und David Sauerwein, Daniel Wüstner, Josef Lentsch, Thomas Hofer, Christoph Angerer und Erhard Busek. Inspiriert und bestärkt wurde ich durch Diskussionen im Kreise der *Hugos*, meiner Männer-Intervisionsrunde. Meine Geschäftsführungskollegin Barbara Guwak sowie sämtliche *promittos,* meine ArbeitskollegInnen, waren hervorragende Impulsgeber. Barbara Köszegi betreute mich seitens des Verlages und war eine großartige Stütze. Ihre sachliche Leidenschaft, ihre Erfahrung und ihr Vertrauen sind eine wahre Freude. Und meine Frau Irene war eine wunderbare Geburtshelferin. Sie war die ganze »Schwangerschaft« an meiner Seite.

Anmerkungen

1 Vgl. Gfk SE: »Internationale GfK-Studie zum Vertrauen der Bürger in verschiedene Berufsgruppen und Organisationen«, Nürnberg 2010 (Unternehmenspublikation).
2 Vgl. Reader's Digest: »Vertrauensbeweis für Feuerwehrleute, Piloten, Krankenschwestern, Apotheker und Ärzte«, http://www.rd-presse.de/pressemitteilungen/european-trusted-brands/vertrauensbeweis-fur-feuerwehrleute-piloten-krankenschwestern-apotheker-und-arzte, 25.09.2010.
3 Vgl. Christian Friesl, Ursula Hamachers-Zuba, Regina Polak, (Hg.): »Die Österreicher/-innen. Wertewandel 1990–2008«, Czernin Verlag, Wien 2009. Diese politische Langzeitstudie ist Teil der europäischen Wertestudie (vgl. www.europeanvaluesstudy.eu).
4 »Forschung aktuell, 217, 30 Jg., 3.09.2009: Bürger verlieren Vertrauen in Politik, Politiker und Personen.« http://www.stiftung-fuerzukunftsfragen.de/de/forschung/aktuelle-untersuchungen/forschung-aktuell-217-30-jg-03092009.html, 22.04.2010.
5 Vgl. Mark E. Warren: »Conclusion«, in: Mark E. Warren (Hsg.): »Democracy & Trust«, Cambridge University Press 1999, S. 346ff.
6 Vgl. Roger Willemsen, in: Klaus Bittermann, Gerhard Henschel (Hsg.): »Zur Kritik der moralisch korrekten Schaumsprache«. (Das Wörterbuch des Gutmenschen. Bd. 1). Edition Tiamat, Berlin 1994.
7 »Tagebuch-Eintrag 31. Jan 2008: Tritt Deutschland wirklich in diesen Krieg ein, wird es verlieren«, http://diegesellschafter.de/tagebuch/eintrag.php?eid=726&z1=1272961555&z2=e3cd1fb90fac01080802907a6ce093c3&, 4.05.2010.
8 »Glaubwürdigkeit ist die wichtigste Eigenschaft in der Politik.«, http://www.uni-protokolle.de/nachrichten/id/172928/, 4.05.2010.
9 »Vertrauen«, http://de.wikipedia.org/wiki/Vertrauen, 4.05.2010.
10 »Politik und Vertrauen«, http://www.parlament.gv.at/PG/PR/JAHR_2009/PK0015/PK0015.shtml, 4.05.2010.
11 Vgl. Niklas Luhmann: »Vertrauen. Ein Mechanismus der Reduktion sozialer Komplexität«, UTB, Stuttgart 2000.

12 Caspar Einem: »Hätten wir's besser machen können?«, in: Erhard Busek (Hg.): »Was haben wir falsch gemacht?«, Kremayr & Scheriau, Wien 2010, S. 26.

13 »Intelligenzdefizit bei Politikern wird beklagt«, http://derstandard.at/1271377217804/derStandardat-Interview-Intelligenzdefizit-bei-Politikern-wird-beklagt, 28.05.2010. Vgl.: Nina Werlberger: »Verweigerer – Leben ohne Politik«, Studienverlag, Innsbruck–Wien–München 2010.

14 Vgl. Nikolaus Blome: »Faul, korrupt und machtbesessen? – Warum Politiker besser sind als ihr Ruf«. wjs verlag, Berlin 2008.

15 Andre Budke: »Machiavelli pur – Die Discorsi II. Äußere Politik und Kriegsführung.« Quellenexegese. Grin - Verlag für akademische Texte 2009, S. 50.

16 Heinz Nußbaumer: »Die Glutnester des Argwohns.« In: Erhard Busek (Hg.): »Was haben wir falsch gemacht?«, Kremayr & Scheriau, Wien 2010, S. 17f.

17 »Journalisten und Politiker vertrauen sich nicht«, http://www.tagesspiegel.de/medien/journalisten-und-politiker-vertrauen-sich-nicht/1476394.html, 7.10.2010.

18 Vgl. Harald Fidler: »Österreichs Medienwelt von A bis Z. Das komplette Lexikon mit 1000 Stichworten von ›Abzockerfernsehen‹ bis ›Zeitungssterben‹.« Falter Verlag, Wien 2008.

19 Vgl. Renate Mayntz, Fritz W. Scharpf: »Politische Steuerung – Heute?«, MPIfG Working Paper 05/1, Max-Planck-Institut für Gesellschaftsforschung, Januar 2005, S. 1ff.

20 Vgl. z.B. Hans-Georg Häusel: »Brain View. Warum Kunden kaufen!«. Haufe Mediengruppe, Freiburg/Berlin/München 2010.

21 Vgl. Thomas Leif: »angepasst & ausgebrannt. Die Parteien in der Nachwuchsfalle. Warum Deutschland der Stillstand droht«. C. Bertelsmann Verlag, München 2009.

22 »Der Schattenmann«, http://www.spiegel.de/spiegel/print/d-65489970.html, 23.06.2010.

23 Vgl. Nikolaus Blome: »Faul, korrupt und machtbesessen? – Warum Politiker besser sind als ihr Ruf«. wjs verlag, Berlin 2008, S. 62ff.

24 Othmar Hill: »Politische Minderleistung mit System«, in: Kurier 16.07.2008, Rubrik »Forum«.

25 Nikolaus Blome: »Faul, korrupt und machtbesessen? – Warum Politiker besser sind als ihr Ruf«. wjs verlag, Berlin 2008, S. 64.

26 Vgl. »Neue Helden gesucht« in: politik & kommunikation, April 2008, S. 12ff.

27 Vgl. Heinrich Best, Michael Edinger: »Politik als Beruf und Berufung«, Redemanuskript, Vortrag im Deutschen Bundestag am 15.12.2004. http://www.sfb580.uni-jena.de/typo3/uploads/media/Redemanuskript.pdf, 23.06.2010.

28 Vgl. Hubert Sickinger: »Politikfinanzierung in Österreich«, Czernin Verlag, Wien 2009., S. 360.

29 Vgl. »Seele am Abgrund«, http://www.tagesspiegel.de/weltspiegel/Welt;art118,2166545, 25.05.2009.

30 Johannes Steyrer/Heinz Stahl: »Die Inszenierung von Führung: Narzissmus und Charisma in der Politik«, in: Annette Zimmer/Regina Jankowitsch: »Political Leadership, Annäherungen aus Wissenschaft und Praxis«. polisphere: Berlin/München/Brüssel 2008, S. 220.

31 »Mein Schloss, mein Sender, mein Staat«, http://www.stern.de/politik/ausland/510207.html, 30.05.2009.

32 Vgl. Hans-Jürgen Wirth: »Narzissmus und Macht«, Psychosozial-Verlag: Giessen 2002.

33 Uwe Barschel (CDU) war von 1982 bis 1987 Ministerpräsident des Landes Schleswig-Holstein. Kurz nachdem ihn ein während des Landtagswahlkampfs aufgekommener Skandal (Barschel-Pfeiffer-Affäre) zum Rücktritt veranlasst hatte, wurde er am 11. Oktober 1987 in einem Hotel in Genf tot aufgefunden. Er starb unter nicht restlos geklärten Umständen an einer Medikamentenvergiftung.

34 Jürgen Möllemann (FDP) war unter Bundeskanzler Helmut Kohl von 1987 bis 1991 Bundesminister für Bildung und von 1991 bis 1993 Bundesminister für Wirtschaft, ab Mai 1992 auch Vizekanzler. Im Januar 1993 trat er nach einem persönlichen Fehlverhalten (Verwendung eines offiziellen Briefkopfs für private Produkt-Empfehlungen) aus der Bundesregierung aus. Nach einem Comeback in Nordrhein-Westfalen 2000 geriet er durch umstrittene Aktionen und Projekte wiederum heftig unter Druck. Am 5. Juni 2003 starb er unter nicht vollkommen geklärten Umständen bei einem Fallschirmsprung.

35 »Narzisstische Grandiosität«, http://www.sueddeutsche.de/politik/167/400949/text/, 30.05.09.

36 Jörg Haider war von 1986 bis 2000 Vorsitzender der Freiheitlichen Partei Österreichs (FPÖ). Im April 2005 spalteten sich unter seiner Federführung zahlreiche Funktionäre von der FPÖ ab und gründeten das Bündnis Zukunft Österreich (BZÖ). Er war von 1989 bis 1991 sowie von 1999 bis zu seinem Tod Landeshauptmann von Kärnten. Er verunglückte am 11. Oktober 2008 auf dem

nächtlichen Heimweg mit stark überhöhter Geschwindigkeit (laut Staatsanwaltschaft mit 142 km/h in einer 70 km/h-Zone) und einer Blutalkoholkonzentration von 1,8 Promille.

37 »Frauen habe ich viele gehabt«, www.focus.de/panorama/boulevard/udo-juergens-frauen-habe-ich-viele-gehabt_aid_312247.html, 16.07.2010.

38 »Mir kommt keine Frau mehr ins Haus«, www.bild.de/BILD/unterhaltung/leute/2008/12/21/udo-juergens-interview/entertainer-ueber-tod-leben-sex-und-freundschaft-teil2.html, 16.07.2010.

39 Vgl. »Ein Mythos und seine Scherben«, profil 26, 28. Juni 2010, S. 26ff.

40 Vgl. »Die sind auf einem Trip«, http://derstandard.at/1271374630268/derStandardat-Interview-Die-sind-auf-einem-Trip, 16.07.2010.

41 »Privatsphäre von Politikern. Politischer Paparazzismus«, http://www.sueddeutsche.de/politik/privatsphaere-von-politikern-politischer-paparazzismus-1.132543, 19.07.2010.

42 »Die privaten Seiten des Josef Pröll«, http://kurier.at/nachrichten/2017374.php?mobil, 19.07.2010.

43 Vgl. Frank Schirrmacher: »Payback. Warum wir im Informationszeitalter gezwungen sind zu tun, was wir nicht tun wollen, und wie wir die Kontrolle über uns Denken zurückgewinnen«, Blessing/München 2009.

44 »Die Erotik der Macht«, http://vorarlberg.orf.at/magazin/studio/radiovorarlberg/stories/272062/, 21.07.2010.

45 »Berlusconi fühlt sich einsam«, http://www.nachrichten.at/nachrichten/society/art411,268370, 21.07.2010.

46 »Applaus ist Koks für die Seele«, http://wissen.spiegel.de/wissen/dokument/dokument.html?id=46237036&top=SPIEGEL, 30.05.09.

47 Interview mit der 18-jährigen Noemi Letizia im *Corriere del Mezzogiorno* am 28. April 2009.

48 »Ein Mittel gegen die Krise«, *politik&kommunikation*, Dezember 2008/Januar 2009, S. 35.

49 Dr. Christof Zernatto wurde 1991 nach der Abwahl von Dr. Jörg Haider zum Kärntner Landeshauptmann gewählt und nach der Landtagswahl im Jahr 1994 als solcher wiederum mit den Stimmen von ÖVP und SPÖ bestätigt. Im Jahr 1999 wurde erneut die FPÖ stimmenstärkste Partei, die ÖVP wie zuvor dritte. Jörg Haider wurde nun Landeshauptmann, Christof Zernatto rückte als Landtagsabgeordneter in die zweite Reihe und wurde später wieder

Abgeordneter zum Nationalrat. Im Jahr 2002 legte Zernatto seine politischen Funktionen nieder. Er übernahm in weiterer Folge eine Leitungsfunktion in einer Public Affairs Agentur.

50 »Alles hat seine Zeit«, *politik&kommunikation,* September 2010, S. 13ff.

51 Vergleiche dazu beispielsweise das Life-Leadership-Modell von Lothar J. Seiwert: »Life-Leadership: Sinnvolles Selbstmanagement für ein Leben in Balance«, Campus/Frankfurt a.M. 2001.

52 Harald Meller: »Identität, persönliche Reife und Kooperation«, http://www.gpg-tirol.at/fileadmin/media/Veroeffentlichungen/IdentitaetKooperation.pdf, 23.07.2010.

53 Vgl. »Stufenmodell der psychosozialen Entwicklung«, http://de.wikipedia.org/wiki/Stufenmodell_der_psychosozialen_Entwicklung, 23.07.2010.

54 Vgl. James E. Marcia, »Development and validation of ego identity status«, Journal of Personality and Social Psychology 3, 1966, S. 551–558. Die Ausführungen erfolgen hier in Anlehnung an den Essay von Harald Meller (s. oben).

55 »Zoon Politikon«, http://de.wikipedia.org/wiki/Zoon_politikon, 26.07.2010.

56 Vgl. Viktor Frankl: »Der Mensch vor der Frage nach dem Sinn. Eine Auswahl aus dem Gesamtwerk«, Piper, München 1979–2006.

57 »Weisheit«, http://de.wikipedia.org/wiki/Weisheit, 12.08.2010.

58 »Neurobiologie der Weisheit«, http://diepresse.com/home/science/469081/index.do, 12.08.2010.

59 Vgl. Martin K.W. Schweer/Barbara Thies: »Vertrauen durch Glaubwürdigkeit – Möglichkeiten der (Wieder-)Gewinnung von Vertrauen aus psychologischer Perspektive«, in: Beatrice Dernbach/Michael Meyer (Hrsg.): »Vertrauen und Glaubwürdigkeit. Interdisziplinäre Perspektiven«, VS Verlag für Sozialwissenschaften, Wiesbaden 2005, S. 57f.

60 »Neuer Blick auf die islamische Welt«, http://www.spiegel.de/politik/ausland/0,1518,628551,00.html, 12.08.2010.

61 »Von Nixon und Obama lernen heißt siegen lernen«, Der Standard, 07.05.2010, S. 8.

62 Martin E.P. Seligman: »Der Glücksfaktor. Warum Optimisten länger leben«. Ehrenwirt: Bergisch Gladbach 2005, S. 37.

63 Eine umfassende Konzeption des Strenghts-Based-Ansatzes findet sich in den Büchern von Marcus Buckingham; z.B.: »Go Put Your Strengths to Work: 6 Powerful Steps to Achieve Outstanding Performance«. Free Press, New York 2007.

64 »Change Agent«, http://de.wikipedia.org/wiki/Change_Agent, 26.07.2010.

65 Das *Europäische Forum Alpbach* findet seit 1945 jährlich im Tiroler Bergdorf Alpbach statt und versammelt über knapp drei Wochen Referenten und Teilnehmer aus allen Teilen der Welt. Vertreter der Wissenschaft, Wirtschaft, Politik, Kultur und Zivilgesellschaft kommen hier zusammen, um aktuelle Fragen der Zeit zu diskutieren und interdisziplinäre Lösungsansätze zu finden (www.alpbach.org). Der Autor ist mit dem Forum seit 15 Jahren durch unterschiedliche Funktionen im Trägerverein verbunden.

66 Ein Video zu diesem Arbeitskreis sowie die begleitenden Blog-Einträge finden sich auf der Website http://blog.promitto.at/category/alpbach/.

67 Claus Otto Scharmer: »Organisationales Handeln«, Revue für postheroisches Management/Heft 4, Management Zentrum Witten GmbH 2009, S. 34.

68 Vgl. »People's parties without the people«, The Economist, 8.–14. August 2009, S. 23.

69 Vgl. »Lernende Organisation«, http://de.wikipedia.org/wiki/Lernende_Organisation, 26.07.2010.

70 Vgl. Matthias Strolz: »Das Veränderungskonzept der Organisationsentwicklung in politischen Institutionen: Ein Strategieprojekt der Bundesleitung des Österreichischen Wirtschaftsbundes«. Dissertation, Klagenfurt 2003.

71 Der Organisationale Credibility Triangle ist inspiriert vom St. Galler Management-Modell. Vgl.: Jürgen Spickers: »Die Entwicklung des St. Galler Management-Modells am Institut für Betriebswirtschaft der Universität St. Gallen«, http://www.ifb.unisg.ch/org/ifb/ifbweb.nsf/wwwPubInhalteGer/St.Galler+Management-Modell?opendocument, 18.08.2010.

72 Franz Müntefering/Tissy Bruns: »Macht Politik«. Herder, Freiburg im Breisgau 2008, S. 146.

73 Herbert Schober-Ehmer: »Visions and Missions – Orientierungen in der Krise?« Artikel auf Grundlage des Vortrags »Wenn Visionen ihre Kraft entfalten ...« gehalten bei den »Berliner Gesprächen« von Königswieser Network am 11. November 2008. Unternehmenspublikation Schober Ehmer Consulting, Kassel 2009, S. 8.

74 Vgl. »Apollo-Programm«, http://de.wikipedia.org/wiki/Apollo-Programm, 17.08.2010.

75 Vgl. IMAS-International REPORT, Institut für Markt- und Sozialanalysen GmbH, Nr. 20, Linz, August 2010.

76 Matthias Horx: »Das Buch des Wandels. Wie Menschen Zukunft gestalten«, Deutsche Verlags-Anstalt, München 2009, S. 198.

77 Vgl. »Ideologie«, http://de.wikipedia.org/wiki/Ideologie, 17.08.2010.

78 Vgl. Kurt Salamun: »Perspektiven einer Ideologietheorie im Sinne des kritischen Rationalismus«. In: Kurt Salamun (Hrsg.): »Karl R. Popper und die Philosophie des kritischen Rationalismus: zum 85. Geburtstag von Karl R. Popper«, Studien zur österreichischen Philosophie, Band 14, Verlag Rodopi, Amsterdam 1989, S. 263ff.

79 Vgl. Matthias Strolz: »Die bunteste Partei«. Österreichische Monatshefte 4/2009, S. 32f.

80 Vgl. C. Otto Scharmer: »Theory U – Leading from the Future as it Emerges«. The Social Technology of Presencing, SoL – The Society of Organizational Learning, Cambridge/MA, 2007.

81 Vgl. »Politik als Beruf«, http://de.wikipedia.org/wiki/Politik_als_Beruf, 18.08.2010.

82 »Organisationskultur«, http://de.wikipedia.org/wiki/Organisationskultur, 23.08.2010.

83 David Bright, Bill Parkin: »Human Ressource Management – Concepts and Practices«. Business Education Publishers Ltd., Sunderland 1997, S. 13.

84 »Organisationskultur«, http://de.wikipedia.org/wiki/Organisationskultur, 23.08.2010.

85 Vgl. »Neue Helden gesucht«, *politik&kommunikation*, April 2008, S. 12ff.

86 Zitiert nach persönlichen Notizen zu einem Vortrag von Alan M. Webber beim Europäischen Forum Alpbach am 23.08.2010 im Rahmen der Special Lecture »Social Entrepreneurship – der Wandel, den wir alle brauchen?«.

87 Vgl. Peter M. Senge: »Die fünfte Disziplin. Kunst und Praxis der lernenden Organisation«, Klett-Cotta, 2. Auflage. Stuttgart 1996

88 Frances Hesselbein: «A Star to Steer By, Leader to Leader's inaugural issue«, Summer 1996, http://agelesslearner.com/intros/leaderdev.html, 17.09.2010.

89 Ruth Seliger: »Das Dschungelbuch der Führung. Ein Navigationssytem für Führungskräfte«. Carl-Auer-Systeme Verlag, Heidelberg 2008, S. 120ff.

90 Anselm Grün: »Das große Buch vom wahren Glück«. Herder Verlag, Freiburg/Basel/Wien 2010, S. 115.

91 Vgl. Matthias Horx: »Das Buch des Wandels. Wie Menschen Zukunft gestalten«. dva, München 2009, S. 138ff.

92 Vgl. Mihaly Csikszentmihalyi: »Flow: Das Geheimnis des Glücks«. Klett-Cotta, Stuttgart 2007.

93 Österreichisches Rotes Kreuz, Henri 8/2009, http://henri.cantat.com/?w=3&ic=7&ii=8, S. 83, 14.12.2010.

94 Zitiert nach persönlichen Notizen zu einem Vortrag von Romano Prodi beim Europäischen Forum Alpbach am 31.08.2010 im Rahmen der Podiumsdiskussion »Das Management der Krise in Europa«.

95 Ein aufschlussreiches Interview mit Göran Persson findet sich in The McKinsey Quarterly: The Online Journal of McKinsey & Co, June 2009, http://www.mckinseyquarterly.com/Reforming_the_public_sector_in_a_crisis_An_interview_with_Swedens_former_prime_minister_2358, 22.09.2010.

Personenregister